道德经导读

DAODEJING DAODU

丛书主编　成积春

编　　著　侯乃峰

北京师范大学出版集团

BEIJING NORMAL UNIVERSITY PUBLISHING GROUP

北京师范大学出版社

图书在版编目(CIP)数据

《道德经》导读 / 侯乃峰编著. —北京：北京师范大学出版社，2019.3
（中华优秀传统文化教育丛书）
ISBN 978-7-303-24154-5

Ⅰ. ①道… Ⅱ. ①侯… Ⅲ. ①《道德经》-研究-高等学校-教材 Ⅳ. ①B233.15

中国版本图书馆 CIP 数据核字(2018)第 201081 号

营 销 中 心 电 话　0537-4459916　010-58808015
北师大出版社华东分社　http://bnuphd. qfnu. edu. cn
电 子 信 箱　hdfs999@163. com

出版发行：北京师范大学出版社 www. bnup. com
　　　　　北京市海淀区新街口外大街 19 号
　　　　　邮政编码：100875
印　　刷：济南荷森印务有限公司
经　　销：全国新华书店
开　　本：710 mm×1000 mm　1/16
印　　张：13.75
字　　数：215 千字
版　　次：2019 年 3 月第 1 版
印　　次：2019 年 3 月第 1 次印刷
定　　价：48.00 元

策划编辑：李　飞　　　　责任编辑：赵媛媛　李锋娟
美术编辑：王秀环　　　　装帧设计：苏会超
责任校对：李云虎　　　　责任印制：李　飞

序　言

　　《道德经》，又称《老子》，是中华优秀传统文化中最具代表性的经典之一，据说也是西方国家翻译最多的中国经典。传统认为，《道德经》是道家学派创始人老子的思想著述，也是道家思想最为重要的文化源泉。中华传统文化源远流长，儒、道两家皆为中国本土产生的思想文化传统，共同构成中国文化最本真的意蕴底色，对中国人的思维方式和思想性格产生了深远的影响。《道德经》一书，正是道家思想文化传统的滥觞。

　　经典之所以成为经典，一方面在于它本身所蕴含的深厚的人文精神、丰富的思想内涵与哲理智慧；另一方面在于它在特定历史背景中所具有的时代意义。春秋战国之际，中国历史经历了巨大的变革转型。政治上，西周以来的宗法分封制趋于瓦解，列国处在激烈的兼并争霸战争中。经济上，铁农具、牛耕的推广和土地私有制的出现，促使生产力迅速发展。开放变动的社会环境往往是孕育自由思想文化的摇篮。新兴的士阶层开始脱离旧有的血缘等级秩序，作为当时知识阶层的官吏也逐渐从王官之学中独立出来，开创了私人著述讲学之风，学在官府的局面被打破，最终形成了诸子百家争鸣的局面。一大批具有独立精神的思想家登上历史舞台，他们勇于批判社会现实，怀揣着救世济民的情怀，从不同角度为构建理想社会提出各种思想方案。老子生活在春秋晚期，根据"孔子见老子"的传说推测，其生活年代应稍早于孔子。老子本是"周守藏室之史"，也就是周王室掌管图书典籍的官吏，"见周之衰，乃遂去"；归隐途中，关令尹喜①强求其著书，"于是老子乃著书上下篇，言道德之意五千余言而去"（《史记》）。老子作为周王室的官吏，撰作私家著述《道德经》且流传民间，正是当时官方学术下移的体现，隐含着诸子百家之学皆渊源于王官之学的浓厚象征意味。从这个角度来说，《道德经》一书可谓先秦诸子百家争鸣的开山之作。从其"不言药，不言仙，不言白日升青天"（白居易《海漫漫》）的思想内容来看，《道德经》已经初步摆脱了夏、商以来天命、鬼神等原始宗教观念的笼罩，开始了人文思想的探索。《道德经》的成书，又可以说标志着古代中国人文精神觉醒新时代的到来，是社会大变革背景下传统学术领域的一道曙光。

《道德经》全部文字"五千余言"。总体上看，它是一部奥义精妙的哲学著作；分章来读，它又是一首首文约义丰的格言短诗（书中章节大都押韵）。《道德经》中所蕴含的哲理，具有恒久的思想价值，对今天的社会生活仍有指导作用。理解老子及其《道德经》的思想内涵，一方面，需要对《道德经》文本进行逐字逐句的精读细读，弄清字面意思；另一方面，需要从整体上对《道德经》所蕴含的深邃哲理及其阐释结构加以系统把握。基于此种认识，本书的编写主要围绕以上这两个层面展开。我们首先对《道德经》的相关问题进行简要介绍，如老子的生平、《道德经》的成书流传、《道德经》的思想与影响、20 世纪以来《道德经》的研究概况等。我们希望通过对这些基本情况的概括介绍，为有兴趣深入研读《道德经》的读者提供理解把握学术背景方面的便利。至于《道德经》原文的校注与释译，学界已经取得极为丰硕的成果，古代汗牛充栋的注疏自不必说，今人的译注也比比皆是，如高亨先生的《老子注译》、陈鼓应先生的《老子注译及评介》、陈剑先生的《老子译注》等，皆可作为研读《道德经》的重要参考之作。时至今日，前人某些著作所达到的高度，

---

① 关令尹喜，"关令尹"当是其职官名，掌管关隘；"喜"是其名。先秦典籍中，这种人名构成方式比较常见。或说"关令"是职官名，是掌管关口的官员，"尹"是姓氏，"喜"是名；或说是守关者名叫"令尹喜"，"令尹"是姓氏，"喜"是名；或说《史记》原本作"关尹喜曰"，"喜"为形容词，喜悦、高兴之意。

仍让后学难以企及。作为"导读"之作，本书分章导读部分的编写便是站在巨人的肩膀上，采撷诸家精华并加以融汇提炼而成的，以求为读者提供一个简明易懂而又不乏学术色彩的《道德经》读本。

近年来，随着中华优秀传统文化的复兴，中国古代文化经典日益受到人们的欢迎。在这样的热潮之中进行传统文化经典的学习与研究，我们既要注重古代经典在当今社会的创造性转化，同时也要讲求"同情之理解"，对传统文化抱有一份"温情与敬意"。《道德经》产生于两千多年前的古老中国，由于历史与时代的局限，不可能其中的每一句话、每个观点都符合当代的思想观念，也不可能普遍适用于今天的社会生活，需要我们取其精华，弃其糟粕；包括老学史上的某些具体问题，也需要我们从学理层面进行辩证的分析。比如，西汉景帝时，博士辕固生曾当着信奉黄老之学的窦太后的面讥讽《道德经》说："此是家人言耳。"（《史记·儒林列传》）辕固生的意思是说，书中所说的不过是普通人讲的话罢了（并没有什么高深之处），结果惹怒窦太后，差点招致杀身之祸。辕固生对《道德经》如此低的评价，如果放到当时儒家与道家激烈争夺官方指导思想正统地位的社会大背景中，其实就很容易理解了。抛开古人的门户之见，今天的我们来阅读《道德经》，在一章章充满哲理、类似格言、谚语的凝练文字中，可以体味出古人所达到的思想高度，从中汲取社会生活智慧，开拓思维与眼界，从而提升人生的格局。

我们希望读者通过阅读本书，在切身体会到中华优秀传统文化所蕴含的古老智慧的同时，也能对我们所处的现代社会生活进行更深入的思考。设若如此，便是尽最大可能发挥《道德经》这部古代经典的价值，这也是本书编写者的初衷。

目　录

第一章 老子与《道德经》

第一节 《道德经》的作者——老子其人

一、老子生平

众所周知，老子是先秦道家学派的创始人。然而由于年代久远，相关记载缺失，加之老子"隐君子"的身份与道家学派"自隐无名"的遁世无为主张，当时的主流社会大概对老子的生平事迹鲜有关注，后世学者对老子更是知之甚少。关于老子其人，西汉司马迁《史记·老子韩非列传》中仅有四百多字的简略介绍，其中还包含一些传疑的说法：

> 老子者，楚苦县厉乡曲仁里人也，姓李氏，名耳，字聃，周守藏室之史也。
>
> 孔子适周，将问礼于老子。老子曰……
>
> 老子修道德，其学以自隐无名为务。居周久之，见周之衰，乃遂去。
>
> 至关，关令尹喜曰："子将隐矣，强为我著书。"于是老子乃著书上下篇，言道德之意五千余言而去，莫知其所终。
>
> 或曰：老莱子亦楚人也，著书十五篇，言道家之用，与孔子同时云。
>
> 盖老子百有六十余岁，或言二百余岁，以其修道而养寿也。
>
> 自孔子死之后百二十九年，而史记周太史儋见秦献公曰："始秦与周

合，合五百岁而离，离七十岁而霸王者出焉。"或曰儋即老子，或曰非也，世莫知其然否。老子，隐君子也。

老子之子名宗，宗为魏将，封于段干。宗子注，注子宫，宫玄孙假，假仕于汉孝文帝。而假之子解为胶西王卬太傅，因家于齐焉。

世之学老子者则绌儒学，儒学亦绌老子。"道不同不相为谋"，岂谓是邪？李耳无为自化，清静自正。

根据《史记》的记载，在去古不远且黄老之学曾经大兴的西汉时期，关于老子其人的生平情况就已经搞不清楚了。司马迁对历史上究竟谁是"老子"提出了三种说法：第一，老聃（李耳），较孔子年长；第二，老莱子，与孔子同时；第三，周太史儋，生活在孔子之后一百多年的时代。由于司马迁在《老子韩非列传》中对老聃（李耳）的介绍较为详尽，大概他倾向于认为"老子"就是老聃（李耳），故传统上多以此人为老子。

据《史记》的记载可知：老子，姓李氏，名耳，字聃，又称"老聃"，楚国苦县（今河南鹿邑东）人，生活在春秋晚期稍早于孔子之时。他曾任"周守藏室之史"，即周王室掌管图书典籍的官吏。关于老子辞官归隐，《老子韩非列传》仅简略地记载说，"居周久之，见周之衰，乃遂去"。高亨先生《关于老子的几个问题》中考证认为，老子之所以辞官归隐，与"王子朝之乱"有关。《左传》记载，周景王死后，他的庶长子王子朝和悼王、敬王争夺王位，贵族分为两派，展开拉锯式的争斗，打了十七八年内战（见《左传》昭公二十二年至定公八年），最后王子朝失败。《左传·昭公二十六年》记载：

十一月辛酉……召伯盈逐王子朝。王子朝及召氏之族、毛伯得、尹氏固、南宫嚚奉周之典籍以奔楚。

王子朝等携带着东周王室的图书典籍，逃往楚国。周王室的图书典籍既已不存，掌管图书的官吏无书可管，自可撤销，老子因而去官归隐。① 按之情

---

① 高亨：《关于老子的几个问题》，载《社会科学战线》，1979(1)。

理，考诸史实，高亨先生的说法很有可能是正确的。

老子在归隐途中，行至一关隘（后世多以为是函谷关，或以为是散关），管理关口的官吏关令尹喜强求其著书，于是才有《道德经》一书流传后世。[①] 换句话说，若是没有关令尹喜强其著书，老子遁世归隐，寂然无闻，或许世人根本不知道有老子其人，也不会有《道德经》一书流传于世。这也就可以合理解释为什么流传下来的有关老子的记载如此之少了。

而那位强老子著书的关令尹喜，或称"关尹子"，后世将他与老子一并视为道家学派创始之初的代表人物。战国晚期，融合诸子百家思想的杂家著作《吕氏春秋》，记载了关尹子以"贵清"为思想的主旨，即主张人的心灵应像水一样保持清寂状态。

由于以上所述的种种原因，关于老子生平的许多细节，后世学者存在着诸多争议，近现代学术界依然如此。比如，就老子的生活年代而言，学术界有三种意见：第一种意见认为，老子在孔子之前，代表人物有马叙伦、唐兰、郭沫若、吕振羽、高亨和苏联学者杨兴顺等；第二种意见认为，老子是战国时代人，代表人物有清代汪中，近现代梁启超、冯友兰、范文澜、罗根泽、侯外庐、杨荣国等；第三种意见认为，老子是战国中期人，代表人物有顾颉刚、刘节等。鉴于历史上有不少关于孔子向老子问礼的记载，故第一种意见可能更为接近历史实际。然而，更多关于老子生平的问题，由于文献不足，现在都已莫可究诘。

现代学术界甚至有些学者怀疑，《老子》一书本质上是一种汇编，是战国时期道家集团积极参与编定的结果，其实并没有一个作者，所谓的"老子"其人根本不存在，有关"老子"的各种传说材料，都是道家学派的学者为了与儒家争胜而杜撰出来的。[②] 诸如此类的看法，虽然不免有历史虚无主义的嫌疑，但是从

---

① 《史记索隐》云："李尤《函谷关铭》云：尹喜要老子留作二篇，而崔浩以尹喜又为散关令，是也。"《史记正义》云："《抱朴子》云：老子西游，遇关令尹喜于散关，为喜著《道德经》一卷，谓之《老子》。或以为函谷关。"《括地志》云："散关，在岐州陈仓县东南五十二里。函谷关，在陕州桃林县西南十二里。"

② 曹银晶：《老子其人及其书——梅广先生访谈录》，见郑宗义：《中国哲学与文化》（十一），277～304 页，桂林，漓江出版社，2014。

他们对材料的分析论证来看，也是有一定道理的。

二、"孔子问礼于老子"的相关讨论

老子生平中，另一个引发广泛讨论的事件，就是所谓"孔子问礼于老子"。这一事件在《庄子》中多次出现，《天地》《天道》《天运》《田子方》《知北游》等篇中均有记载：

> 《天地》 夫子问于老聃曰："有人治道若相放，可不可，然不然。"
>
> 《天道》 孔子西藏书于周室。子路谋曰："由闻周之征藏史有老聃者，免而归居，夫子欲藏书，则试往因焉。"孔子曰："善。"往见老聃，而老聃不许。
>
> 《天运》 孔子行年五十有一而不闻道，乃南之沛见老聃。老聃曰："子来乎？吾闻子，北方之贤者也，子亦得道乎？"孔子曰："未得也。"
>
> 《天运》 孔子见老聃而语仁义。
>
> 《天运》 孔子见老聃归，三日不谈。弟子问曰："夫子见老聃，亦将何规哉？"
>
> 《天运》 孔子谓老聃曰："丘治《诗》《书》《礼》《乐》《易》《春秋》六经，自以为久矣，孰知其故矣；以奸者七十二君，论先王之道而明周召之迹，一君无所钩用。甚矣，夫人之难说也，道之难明邪。"
>
> 《田子方》 孔子见老聃，老聃新沐，方将被发而干……
>
> 《知北游》 孔子问于老聃曰："今日晏闲，敢问至道。"

《庄子》一书作为道家学派的经典，崇尚老子，处处抬高老子，说孔子盛赞老子为龙，隐于云端，若隐若现。① 司马迁《史记·老子韩非列传》中的记载，显然也受到《庄子》的影响，甚至材料就来源于《庄子》：

---

① 庄子在推崇老子的同时，还诋毁孔子。《史记·老子韩非列传》评论庄子说："其学无所窥，然其要本归于老子之言。故其著书十余万言，大抵率寓言也。作《渔父》《盗跖》《胠箧》，以诋訿孔子之徒，以明老子之术。"

孔子适周，将问礼于老子。老子曰："子所言者，其人与骨皆已朽矣，独其言在耳。且君子得其时则驾，不得其时则蓬累而行。吾闻之，良贾深藏若虚，君子盛德，容貌若愚。去子之骄气与多欲，态色与淫志，是皆无益于子之身。吾所以告子，若是而已。"

孔子去，谓弟子曰："鸟，吾知其能飞；鱼，吾知其能游；兽，吾知其能走。走者可以为罔，游者可以为纶，飞者可以为矰。至于龙，吾不能知，其乘风云而上天。吾今日见老子，其犹龙邪！"

《史记·孔子世家》中也有孔子适周问礼于老子的记载：

鲁南宫敬叔言鲁君曰："请与孔子适周。"鲁君与之一乘车，两马，一竖子俱，适周问礼，盖见老子云。辞去，而老子送之曰："吾闻富贵者送人以财，仁人者送人以言。吾不能富贵，窃仁人之号，送子以言，曰：'聪明深察而近于死者，好议人者也。博辩广大危其身者，发人之恶者也。为人子者毋以有己，为人臣者毋以有己。'"孔子自周反于鲁，弟子稍益进焉。

但司马迁在其中用了一个"盖"字，表明这则材料很可能具有传说的性质，并非无可置疑的信史。同时，《庄子》一书更包含了许多"寓言"的成分，因此不少学者认为其中的材料不可信据。然可信度较高的儒家典籍《礼记》中，也有孔子与老聃有关的材料：

《曾子问》　孔子曰："昔者，吾从老聃，助葬于巷党，及堩，日有食之。老聃曰：'丘！止柩，就道右，止哭以听变。'"

《曾子问》　孔子曰："吾闻诸老聃曰：昔者史佚有子而死，下殇也，墓远。"

《曾子问》　孔子曰："吾闻诸老聃曰：昔者鲁公伯禽，有为为之也。今以三年之丧从其利者，吾弗知也。"

此外，如《吕氏春秋·仲春纪·当染》有"孔子学于老聃"的说法，《韩诗外传》也有"仲尼学乎老聃"的记载。根据这些材料可知，孔老之间有过交往，"孔子问礼于老子"的说法应当是可信的。

关于"孔子问礼于老子"的时间，大致有四种说法：第一，高亨先生认为，孔子问礼于老子时孔子年龄为 17 岁。《史记·孔子世家》记载，孔子问礼于老聃一事发生在孔子 17 岁到 30 岁之间。《礼记·曾子问》记载孔子从老聃助葬于巷党而遇日食。《春秋·昭公七年》记载"夏，四月甲辰朔，日有食之"，这一年孔子恰好 17 岁。① 第二，清人阎若璩认为，孔子在 34 岁时问礼于老子，其主要依据是《春秋》中昭公二十四年的日食记录。第三，《庄子·天运》记载："孔子行年五十有一而不闻道，乃南之沛见老聃。"第四，黄方刚认为，孔子曾两次见老子，一次是在孔子 51 岁时，另一次是在孔子 57 岁时。②

关于"孔子问礼于老子"的地点，也有四种说法：第一，《史记》中《孔子世家》《老子韩非列传》《仲尼弟子列传》等篇都记载，孔子向老子问礼于周。第二，《礼记·曾子问》记载孔子言："昔者，吾从老聃，助葬于巷党。"学者根据《论语·子罕》篇"达巷党人"推测，巷党应是鲁国地名，故孔子问礼于老子也应当是在鲁国。第三，《庄子·天运》记载："孔子行年五十有一而不闻道，乃南之沛见老聃。"沛与老子的故乡相隔不远。第四，《史记·孔子世家》记载，孔子曾在陈居住三年，而老子是陈人（苦县原属陈），因此，詹剑峰认为孔子与老子有在陈相遇的可能。③

针对"孔子问礼于老子"事件的诸多争论，陈鼓应先生的看法可能更为通达。他指出，孔子问礼于老子，在时间上可能不止一次，地点也可能不止一处。只是由于古代交通不便，信息不通，各家学派所记载的只是其中一端。至于孔子问礼的内容，在不同时间也有所不同。孔子年轻时向老子所问之礼，应主要是婚丧朝聘等方面的具体礼节，《礼记·曾子问》所记载的孔子与老子的谈

---

① 高亨：《关于老子的几个问题》，载《社会科学战线》，1979(1)。

② 黄方刚：《老子年代之考证》。见罗根泽：《古史辨》(四)，381 页，上海，上海古籍出版社，1985。

③ 詹剑峰：《老子其人其书及其道论》，52 页，上海，华中师范大学出版社，2006。

话内容大致如此。中年以后，孔子所问之礼便不再局限于此，范围更广，涉及"持盈之道"、万物生成化育及《诗》《书》《易》等古典文化的问题。①

　　孔子与老子作为中国传统文化两大主流儒、道两家的代表人物，两千多年来一直拥有崇高的地位，影响极为深远。因此，"孔子问礼于老子"在中国文化史上也具有特殊的象征意义。有学者据此事件推断：儒家源于道家，这样的结论未免过于鲁莽。董平先生《老子研读》一书认为，西周王政制度的崩解，是春秋诸子所面临的基本时代语境；重建制度的秩序，则是自春秋至战国时期思想的共同关切。虽然诸子的思想各不相同，但却在文化内涵上存在内在统一性。"道"的寻求，是贯穿于春秋诸子思潮之中的一个公共话题。面对着以"礼"为典范的王政制度的行将全面崩解，孔子对这一制度仍保持着热烈的向往与殷切的期盼，因而他主张通过个体身心秩序的建构来实现社会公共生活秩序的重建，以及人道价值的回归。但老子不同，面对"礼崩乐坏"的社会现实，他有着更为痛切的感受，所以他选择了隐退，以真理的体悟者、社会的批判者和现实世界的隐退者的多重身份进入历史。所以，儒、道两家的文化有着本质的不同，不应混为一谈。不过，既然先秦时期诸子百家所关注的议题有许多"公言"，即交叉重合之处，那解读"孔子问礼于老子"事件，若是说儒家学派在创立之初，在某些具体问题上受到过道家学派的影响，还是很有可能的。

第二节　《道德经》其书

　　《道德经》，又称《老子》②，有五千余言。今传本《老子》分作上、下篇。上篇《道经》，共三十七章；下篇《德经》，共四十四章；上、下篇共计八十一章。

　　关于《道德经》的成书时代，传统看法认为此书为老聃所著，成书于春秋晚期或春秋战国之际。近代以来，随着疑古思潮的兴起，主张《道德经》晚出的观

---

　　①　陈鼓应：《老庄新论》，24～25 页，北京，商务印书馆，2008。

　　②　《老子》之所以称《道德经》，一般认为，是因为唐代皇帝姓李，推崇老子李耳为远祖，奉道教为国教，故尊称《老子》一书为《道德经》。然据学者研究，《老子》一书的《道德经》之称，很可能西汉时期就存在。

点逐渐占据上风。有的学者认为《道德经》成书于战国中期，有的学者认为它成书于战国末期，还有的学者认为它成书于秦汉之间，甚至有人认为《老子》是汉代之后的作品。但是，20世纪70年代以来，马王堆汉墓帛书本《老子》、郭店楚简本战国时期的《老子》相继出土，彻底推翻了认为此书晚出的各种臆说。

关于《老子》的成书过程，传统学术界一般相信《史记·老子韩非列传》中的说法，认为《老子》一书是老子在函谷关（或散关）一夜之间（或短时间内）撰写出来的。近现代研究《老子》的学者，多认为《老子》的成书应该是一个长期汇编整理的过程，经过漫长的传抄流变才最终形成广泛流传的定本，《史记·老子韩非列传》中老子在一时一地写成此书的说法应当具有传说性质。郭店楚简《老子》公布后，有学者认为甲、乙、丙三种抄本正是《老子》一书汇编成型之前的状态，是"五千余言"的本子出现之前流传的各种"老子语录"中的三种。但也有学者通过分析认为，三种抄本的内容同见于今传《老子》中，说明在此之前就已经出现了一种五千余字的《老子》传抄本，郭店楚简《老子》甲、乙、丙三种抄本只是按照不同主题或需要，从中选辑摘录的结果。从实际情况来看，第二种说法应该更为可信。根据这种说法，结合郭店楚墓的墓葬年代推测，《老子》的成书应该比较早，今传本"五千余言"的内容至少在战国中期就应当存在了，此时大概也有可能基本形成了某些定本。

《道德经》成书后，在流传过程中，经过辗转传抄，不断进行编排整理，形成了各种不同的版本。据统计，清代之前流传下来的各种《道德经》版本有百余种。2011年，大型道教文化丛书《老子集成》出版，收录自战国至1949年关于《老子》的传本和注疏本共计265种。总体而言，我们今天所能见到的各种《道德经》版本可分为两个系统，即传世本与简帛本。

一、传世本

流传下来的传世本《道德经》，比较重要的主要有以下几种。

1. 汉河上公《道德经章句》本。相传为河上公或河上丈人所撰。它主要以黄老之学中"无为而治"的思想观点阐发《道德经》的思想体系，故唐代陆德明《经典释文》称此书为"言治国治身之要"。

2. 汉严遵《道德真经指归》本。此书作者分《老子》经文为七十二章，上经四十章，下经三十二章，与它本不同。注文以清静无为、养生治身为主要宗旨；主张人君应修身正己，与仁义礼法相合，引申为养物生民之策。总体来看，其注解虚无恬淡，带有神仙家色彩。

3. 汉张道陵《老子想尔注》本。张道陵是五斗米道的创始人，《老子想尔注》将道教精神与儒家思想、灾异报应说结合起来解说《老子》思想。《老子想尔注》主张长生成仙说，强调去邪守真道，同时相信食气、宝精等修炼方法。它首次提出"太上老君""道教"等名称，初步确立了"道诫"的基本宗旨。总体上看，《老子想尔注》表现了汉末五斗米道的思想特征，现仅存敦煌莫高窟所出的六朝写本残卷。

4. 三国魏王弼《老子道德经注》本。王弼所用《老子》文本较为古老，王弼注文中一些与《老子》原文矛盾的地方，均可在马王堆帛书本中找到对应的证据。王弼注简明扼要，最大特色在于将《道德经》与玄学义理互相发明，提出"有之所始，以无为本"的思想，由此构建起魏晋玄学的本体论哲学体系，亦能充分把握《道德经》的思想内涵。现存较完整的最早版本为清末浙江书局翻刻的明华亭张之象本，清武英殿本据此做部分校订。王弼本《道德经》是最为通行的版本。

5. 唐傅奕本《老子》。此本又称"古本《老子》"，是唐初学者傅奕校订的本子。所谓"古本"，因其底本乃是北齐后主高纬武平五年（574 年）彭城（治今江苏徐州市）人盗挖项羽妾冢时所得，此古本的时代应与马王堆汉墓出土的帛书《老子》甲本相当。傅奕据多种传世注本进行校订，成《道德经古本篇》。虽然傅奕校订的古本《老子》总体成就不大，但基本保留了古本原文，相比其他版本保存了较多的古字、古句、古语。由于古冢出土本原有残损，傅奕据传世本校订时，经文改动很多，已非原本面目。此书现存于明正统《道藏》中。

二、简帛本

中国古代图书典籍的书写载体，在纸张发明之前曾经历过一个书于简帛的阶段。简帛，是竹简（也包括木简、木牍）与缣帛的统称。简帛材料容易腐烂，其保存受到地理环境条件的限制。一般说来，只有在长期饱水或完全干燥的环境中，简帛文献才有可能被保存下来。长江流域地下水位较高，常使埋藏于墓葬中的简帛文献长期浸泡在水中，进而隔绝空气而得以保存。目前发现的简帛文献大都出土于湖南、湖北等南方地区。到目前为止，出土的简帛文献中发现的《老子》抄本主要有以下三种。

1.1973 年，湖南长沙马王堆汉墓中出土了举世闻名的马王堆帛书，其中有甲、乙本两种《老子》。甲本字体介于篆隶之间，比较接近秦篆，且文字不避汉高帝刘邦、高后吕雉讳，抄写年代应该早于汉高帝时期，推断可能是在秦汉之际，抄本的流行时代当是在战国末年；乙本所用字体是隶书，避"邦"字讳，但是仍然使用"盈"和"恒"两字，推断其抄写年代大致在文景之前，抄本当流行于西汉初年。两种抄本内容大致相同，均是《德经》在前，《道经》在后，部分章次、文字不同于今本。

2.1993 年，考古工作者在湖北荆门郭店 1 号楚墓中发现了一批竹简，简称"郭店简"，共 800 余枚。此墓葬具有战国中期偏晚的特点，其下葬年代当在公元前 4 世纪中期至公元前 3 世纪初。郭店简中包含多种先秦古书，其中有竹简形制、长短不同的甲、乙、丙三组《老子》以及未见于传世文献的道家典籍《太一生水》，竹简抄写年代大概不会晚于战国中期。郭店简《老子》是目前所知年代最早的《老子》抄本，甲、乙、丙三组共有二千余字，相当于传世本的五分之二。章序与今本、帛书本有较大出入，文字也有不同。

3.2009 年，北京大学入藏一批西汉竹书，简称"北大简"，竹书上有"孝景元年"字样，抄写年代较为明确。北大简中所见《老子》共有 200 余枚，近 5 300 字，其中首次发现"老子上经"和"老子下经"篇题，每章前均有分章符号，是目前所见结构最为完整的简本《老子》。

目前所发现的三种简帛本《老子》的抄写年代均早于传世本。总体来看，简帛本《老子》的发现在学术史上具有重要意义。首先，简帛本与传世本进行对读，通过比较两者的文字差异，可以了解《老子》文本的流传演变情况，有助于理解传世本的疑难之处。其次，简帛本的发现，对于研究《老子》的成书年代具有重要参考价值。例如，20 世纪初，学界曾对《老子》的真伪、成书年代进行讨论，有学者认为《老子》晚于《庄子》，成书于战国晚期。但郭店1号楚墓的年代至少在战国中期，因此郭店楚简《老子》成书的年代下限应不晚于战国中期。这就可以彻底推翻《老子》成书于战国晚期的谬说，有利于学界在此基础上对《老子》成书年代问题进行更为深入的研究。

以上是《道德经》成书和版本的大致情况。尽管地下出土的简帛文献为我们提供了更为接近古本原貌的《道德经》版本，但我们今天阅读《道德经》，仍不能抛开传世本①，应当将传世本与简帛本相互对照比勘，综合梳理，进而对《道德经》的文本演变与思想内涵等问题进行更为深入的探讨。

第三节 《道德经》思想精要

《道德经》的思想意蕴幽深玄远，较为抽象，故不易理解。阅读《道德经》，首先需要对其思想结构有个大致了解。因此，在综合学界已有成果的基础上我们先对《道德经》一书的总体思想进行简要说明。

《道德经》蕴含的哲学思想，可分为"道论"与"德论"两大部分。"道论"着重从形而上的角度，论述"道"究竟具有何种品质特征。《易传·系辞》云："形而上者谓之道，形而下者谓之器。""形而上"就是从具体万事万物之中抽象而来的本质规律。"道"是老子思想的核心概念和宇宙间的最高准则，从具体有形的宇宙万物中抽象而来，无法被人们的感官直接把握，是老子超越经验，从有形世界到无形领域体悟到的。但是，"道"并不是空幻的虚构概念，最终仍体现在现实世界之中。老子的"德论"便是宇宙最高准则在经验世界中的具体表现，它主要包括政治论和人生论两部分。"道"落实在现实社会中，可以成就没有纷争的至德之世，造就理想的政治局面。"道"落实在具体人生中，可以成就具有"玄德"的人格，化身为理想的圣人。故老子思想，以"道论"为体，以"德论"为用。但无论是"道论"还是"德论"，其中均处处闪耀着辩证思维的火花。辩证法是老

---

① 有些传世本，原来也是地下出土的简帛本，如傅奕校订的古本《老子》，流传既久，已与传世本无异。

子在面对客观世界进行思考时所持有的基本方法。由此，以下将从道论、政治论、人生论、辩证法四个方面概括介绍《道德经》的哲学思想。

一、道论

在老子看来，"道"是天地万物的最高本原，理解老子思想中"道"的内涵，需从以下几个方面入手。①

第一，本原之道具有何种特征？或者说，如何从存在的角度对道体进行描述？哲学意义上的存在，是指不以人的意志为转移的实在。这里主要探讨"道"本身所具有的特征属性。其一，"道"无形无象，不能被感官直接把握，不可以名言指称。《道德经》首章即言："道可道，非常道；名可名，非常名。"可以用语言表达的"道"就不是常道，可以用文字表述的"名"就不是常名。其二，"道法自然"。《道德经》二十五章云："人法地，地法天，天法道，道法自然。"所谓"道法自然"，并不是说在"道"之上还有一个"自然"，此处"自然"为形容词，意在强调道生成万物是自然而然、独立而无所恃的过程。其三，"道"作为创生万物的本原，兼具形上、形下的品质，具有实有性，而非绝对空虚的。《道德经》二十一章云："道之为物，惟恍惟惚。惚兮恍兮，其中有象；恍兮惚兮，其中有物。窈兮冥兮，其中有精；其精甚真，其中有信。""道"虽然恍恍惚惚，但其中却包含着实物和精质，是可信验的。由此可见，"道"本身具有了朴素唯物主义的属性。

第二，本原之道如何生成万物？或者说，如何从生成的角度对道用进行描述？总体上看，道生成万物，是一个从无形到有形，层层下贯的过程。《道德经》四十章云："天下万物生于有，有生于无。"此处并非言有从虚空中来。"无"并非指虚无，而是"无名"的略称，是道体的另一种表述。《道德经》四十二章对道生成万物的过程进行了具体描述："道生一，一生二，二生三，三生万物。万物负阴而抱阳，冲气以为和。""道"是独立无偶的，"一"指混沌未分的统一体，由此产生天地；"二"指天地产生阴阳二气；"三"指阴阳二气相交形成各种

---

① "道论"部分主要参考了冯达文、郭齐勇：《新编中国哲学史》（上），44～51页，北京，人民出版社，2004。

新形体。老子的这一论述，奠定了我国古典哲学中宇宙生成论的基本路数，影响极为深远，在古代其他思想著述中都可以见到相似论述。例如，《庄子·天地》："泰初有无，无有无名，一之所起，有一而未形，物得以生，谓之德；未形者有分，且然无间，谓之命；留动而生物，物成生理，谓之形。"又如《易传·系辞》："易有太极，是生两仪，两仪生四象，四象生八卦，八卦定吉凶，吉凶生大业。"再如《吕氏春秋·仲夏纪·大乐》："太一出两仪，两仪出阴阳。阴阳变化，一上一下，合而成章。"

第三，"道"在化成万物的过程中，展现出来的创生力量具有何种特征？老子在《道德经》四十章将其概括为"反者，道之动；弱者，道之用"。"道"的运动是循环的，"道"的作用是柔弱的。"反者，道之动"可以有两种理解：第一种，将"反"理解为相反，即向自己的反面转化，指"道"生万物从无限落实为有限，从无形转化为有形；第二种，将"反"理解为反复，即"道"的运动是一个周而复始的过程，这一过程在《道德经》二十五章中得到了详细说明："有物混成，先天地生。寂兮寥兮，独立而不改，周行而不殆，可以为天下母。吾不知其名，字之曰道，强为之名曰大。大曰逝，逝曰远，远曰反。"也就是说，道广大无边，万物从道分离，周流不息地运动，离道越来越远，远极必反，又回到道的本根，故"夫物芸芸，各复归其根。归根曰静，是谓复命。复命曰常"。

二、政治论

老子政治思想的核心主张，可以概括为"无为而治"，具体展开来讲，体现在以下四个方面。[①]

第一，无为而无不为，理想的统治者应"处无为之事，行不言之教"。例如，《道德经》三章云："为无为，则无不治。"又如十七章云："太上，下知有之；其次，亲而誉之；其次，畏之；其次，侮之。"再如六十章云："治大国若烹小鲜。以道莅天下，其鬼不神。"老子一再强调，最好的统治者会使人民感受不到统治者的存在，应最大可能地减少对民众生活的干扰。

---

① 本节对《道德经》政治论思想的概述，主要参考了吴根友教授的相关论述。参见郭齐勇，吴根友：《诸子学通论》，166～169 页，北京，商务印书馆，2015。

第二，老子认识到战争给社会带来的巨大灾难，对战争持否定态度，"以道佐人主者，不以兵强天下，其事好还。师之所处，荆棘生焉。大军之后，必有凶年"（三十章）。圣人不到万不得已时，不会轻易动用战争手段。在《道德经》三十一章中，老子全面表达了对战争的态度："夫佳兵者，不祥之器，物或恶之，故有道者不处。"又说："兵者，不祥之器，非君子之器，不得已而用之，恬淡为上。"在不得已的情况下，老子也强调战争应讲求战术，但其是以保卫和平为根本目的的。为此，他提出"善战者不怒，善胜敌者不与"的原则。所谓"善胜敌者不与"，即善于作战的人不与敌人反复周旋而浪费财力、人力。战术上，要采用守势而不要采用攻势，不可盲目冒进。老子认为"哀兵必胜"，"哀兵"即对战争保持敬畏之心且拥有正义的军队，其意在强调道义在战争中的决定性作用。

第三，反对"为政以杀"，主张社会财富应公平分配。老子认为社会问题的根本症结在于统治者的贪婪妄为。他说："民之饥，以其上食税之多，是以饥。民之难治，以其上之有为，是以难治。民之轻死，以其求生之厚，是以轻死。"（七十五章）他警告统治者，不要用杀戮、死亡来威胁老百姓，"民不畏死，奈何以死惧之？"（七十四章）

第四，老子理想的社会模式是小国寡民。《道德经》八十章云："小国寡民。使有什伯人之器而不用，使民重死而不远徙。虽有舟舆，无所乘之；虽有甲兵，无所陈之。使人复结绳而用之。甘其食，美其服，安其居，乐其俗。邻国相望，鸡犬之声相闻，民至老死不相往来。"老子认为各个国家的社会组织规模要小，不能使用各种诱人欲望的器皿和先进的交通工具，也不要以装备精良的部队耀武扬威，威胁他人；要使人们安居乐业，不要随意迁徙；要让百姓对自己的生活感到满意，人与人之间和平共处。

三、人生论

老子希望人们能保持自然无为、返璞归真的本性，老子心目中理想的圣人便是道的化身。与儒家极力推崇仁、义、礼、智、信等道德品质形成鲜明对比的是，老子对道德持有一种否定的态度。但这并不意味着老子否认对真、善、美的追求，在老子看来，道德的本质在于"上德不德，是以有德"（三十八章）。自然无为之道，是真正的最高道德。人们应不事人为，不刻意追求任何目的，使自然淳朴的善性得到展现，而不受仁义、礼教等规范的束缚。世俗以"仁、义、礼、智、信"为标准而博取"善""贤"之名的行为，会引起争执，诱发伪善。老子认为，善恶皆是相对的。《道德经》二章云："天下皆知美之为美，斯恶已；皆知善之为善，斯不善已。"人们都知道美何以为美，恶就产生了；都知道善何以为善，不善便产生了。因此，《道德经》三章提出"不尚贤，使民不争"，用意便是如此。老子反对过分地强调善恶的区分，他认为这使人的生命被束缚在一定的礼教规范之内，扭曲了人的自然本性，恰恰是不善的。

在老子看来，"道"是世界的本质，"德"是万物的本性，因此道德的唯一标准应是自然无为。道创生万物而不加干涉，人与天地皆应遵循宇宙发展的自然规律，自然而然。老子以水和川谷来比喻最高的道德。《道德经》八章说："上善若水。水善利万物而不争，处众人之所恶，故几于道。居善地，心善渊，与善仁，言善信，正善治，事善能，动善时。夫唯不争，故无尤。"最高的善应如水一般，水善于帮助万物而不与万物相争，它处在众人不喜欢的地方，却最接近"道"。最有道德的人，也如水一般，安于卑下，心地深沉，自然真诚，与物无争，不犯过失，无所不能。《道德经》四十一章又说："上德若谷，大白若辱，广德若不足，建德若偷"。这里是说，崇高的"德"好似卑下的川谷，最光耀的好似最暗昧的，最大的"德"好似不足，刚健的"德"好似怠惰。

道德的标准既已明了，那么人们应通过何种方式修养人格？老子的人生修养论主要有以下几点：第一，居弱守雌，使自身在万物轮回的必然中立于不败之地。《道德经》二十八章云："知其雄，守其雌，为天下谿。为天下谿，常德不离，复归于婴儿。知其白，守其黑，为天下式。为天下式，常德不忒，复归于无极。知其荣，守其辱，为天下谷。为天下谷，常德乃足，复归于朴。朴散则为器，圣人用之则为官长，故大制不割。"第二，人们应抛弃过分的欲望追求，不与他人争胜，自知自爱，不自恃己见。《道德经》二十九章云："圣人去甚，去奢，去泰。"《道德经》二十二章云："不自见故明，不自是故彰，不自伐故有功，不自矜故长。夫唯不争，故天下莫能与之争。古之所谓曲则全者，岂虚言哉？诚全而归之。"《道德经》七十二章云："是以圣人自知，不自见；自爱，不自贵。"第三，为道日损，涤除玄鉴。《道德经》四十八章云："为学日益，为道日损。损之又损，以至于无为。无为而无不为。"老子认为，知识和学问的增加要靠日复一日的积累，同时依靠理智思辨的作用。然而，就对"道"的体悟而言，人们需要减损知识，止息造作，需要借助神秘直观和内心体验。日复一日地将经验知识摒除，到最后即可达到"无为"的境地。《道德经》第十章还提出所谓的"涤除玄鉴"，即专精守气，致力柔和，排除杂念，深入静观，进入澄明鉴照的状态，如此便可恢复善良的本性。①

四、辩证法

所谓辩证法，就是强调事物内部和事物之间矛盾统一关系的学说。老子的辩证法在老子的哲学体系中占有相当重要的地位。没有辩证法，老子对自然的追求，对无为的强调就无法理解。道的弱之用、反之动，也就失去了现实的根据和意义。

辩证法的基本前提是在通常的事物中看到相反的方面，在似乎单一的事物中看到对立的两个方面。《道德经》八十一章中有将近一半的篇章提到对立的概念，如有无、强弱、损益、巧拙、贵贱、主客、进退、正反、虚实、宠辱、难易、吉凶等。这些概念涉及形而上学、宇宙自然、价值判断、处事原则等很多方面，讨论的问题包括社会、人生、政治、战争等很多内容，表明老子的辩证法运用得相当广泛、圆熟。

老子的辩证法思想可以用"正反"这个术语来表述。"正"是一切常规的现象，也是世俗的价值、标准和方法。"反"是与常规相反的情况，即与世俗观念相反的价值、标准、观点和方法。究其根本，这一辩证法是为了论证以反求正的合理性或必要性，具体说来就是，柔弱胜刚强，无为而无不为，最终向往着自然和谐的境。②

---

① 老子人生论部分主要参考郭齐勇：《中国哲学史》，35～45 页，北京，高等教育出版社，2006。

② 老子辩证法部分主要参考郭齐勇：《〈老子〉〈庄子〉与道家智慧导论》，http：//www.docin.com/p-1863292461.html，2018-10-22。

思考题

1. 简述老子生平，并谈谈对"孔子问礼于老子"的认识。

2. 简述《道德经》的成书时代与版本情况。

3. 以《道德经》为例，谈谈出土文献与传世文献的相互关系。

4.《道德经》蕴含的哲学思想主要包括哪些部分？如何理解各部分之间的关系？

5.《道德经》中的辩证法思想可以给我们今天的生活带来哪些启示？

第二章 《道德经》与道家文化

第一节 《道德经》与道家文化的历史演变

一、《道德经》与周秦道家

《道德经》是道家学派最重要的文化典籍，它奠定了道家哲学的思想基调。以往认为，老子之后，以庄子为代表的隐逸派道家发展了《道德经》的人生论哲学，以黄老之学为代表的用世派道家发展了《道德经》的政治论哲学。但是，随着近些年出土文献中所见道家佚籍的日益增多，人们对老子之后战国时代道家学派的发展脉络有了更为清晰的认识。以上两派之外，以郭店楚简《太一生水》为代表的道家后学着重发展了《道德经》确立的宇宙生成论。

《太一生水》的成书当不迟于战国中期，具体内容与通行本《道德经》有许多相近之处，它提供了比《道德经》更为系统、具体的宇宙生成论思想。《太一生水》云："太一生水，水反辅太一，是以成天。天反辅太一，是以成地。天地复相辅也，是以成神明。神明复相辅也，是以成阴阳；阴阳复相辅也，是以成四时。四时复相辅也，是以成沧热；沧热复相辅也，是以成湿燥；湿燥复相辅也，成岁而止。"太一是天地万物的本原，太一最先产生水，水生成后反辅太一产生了天，天生成后反辅太一产生了地。天地形成后，被辅助的对象转变为天地自身。天地相互辅助，一步步产生神明、阴阳、四时、沧热、湿燥，完成一个岁时的周期。太一生成水、天、地后并没有消失，而是内在于水、天、地及万物之中，随万物变化。太一一方面是万物本原（母），另一方面又是万物变化依据的准则规律（经）。传世文献中看不到老子宇宙论在先秦时期有更多展开，而《太一生水》的发现恰好弥补了这一空白。从整个中国古代哲学的宇宙论发展来看，《太一生水》在"气本论"的传统之外提出了以水为本的宇宙论，同时也是对《道德经》的进一步发展。①

就隐逸派道家而言，庄子一方面继承了《道德经》对道的基本看法，另一方面对老子的道论又进一步有所创新和发展。庄子认为，"大道不称""道昭而不道"，这是他对《道德经》首章"道可道，非常道"的继承发展。另外，庄子认为道是自存的，自本自根，他提出"不以心损道，不以人助天"，便是对老子"道法自然"的发展。庄子承认"道"的实有性，认为"夫道，有情，有信"，与《道德经》二十一章中"道之为物，惟恍惟惚。惚兮恍兮，其中有象；恍兮惚兮，其中有物。窈兮冥兮，其中有精；其精甚真，其中有信"的论述一脉相承。

老、庄道论的不同在于，庄子更注重道的普遍性、整体性。庄子强调道所具有的普遍性，认为道无所不包，无所不在，内化于一切事物中。《庄子·天地》提出："夫道，覆载万物者也，洋洋乎大哉！"《庄子·天道》又说："夫道，于大不终，于小不遗，故万物备。"庄子在《齐物论》中提出"道通为一"的概念，他认为"道"是一个整体，尽管世间事物千差万别，但所寓之理却具有普遍性，在道的层面上并无亏欠，可以相互适应、相互沟通，在价值上齐一。而万物变化过程中的生死成灭，通体来看只不过是自然世界发展的一部分。与《道德经》重点从生成、实有的角度论道不同，庄子将老子的道论发展到更为圆融的境界，使人能够产生一种博大开放的心境。由此来看，庄子对道的看法是从认识论角度出发的，他的兴趣不在于探讨客观知识，而在于检讨主体心灵。在"道通为一"的圆融道论的基础上，庄子进一步提出"齐物论"和"逍遥游"。"齐物"的意思是"物齐"或"'物论'齐"，即将不同事物、对事物的不同看法和现实的种种差别，视为无差别的"齐一"。"齐物论"意在消解事物彼此的隔膜、是非、等

---

① 冯达文，郭齐勇：《新编中国哲学史》（上），110～114 页，北京，人民出版社，2004。

差，反对唯我独尊，以相对主义的视域否认绝对的宇宙中心，要求更换视域去理解他人、他物。"逍遥游"则在"齐物论"的基础上，提出忘绝现实、超脱于物的理想境界和"至人无己，神人无功，圣人无名"的理想人格。庄子认为，个人生存的自由是以承认他人的自由为前提的。由此，需要肯定各种相对的价值系统，不能抹杀他人的追求和存在空间。如此，个体生命才可从紧张偏执中超脱出来。由此可见，《道德经》中表达的人生论思想，到庄子之时，已经进一步得到完善了。①

文献记载，文子、黄老道家、鹖冠子均为道家用世派的代表，他们共同发展了老子的政治哲学思想，其中尤以黄老道家最具代表性。黄老道家也称"黄老之学"，是战国秦汉之时，以道家为基础，兼采儒、法、阴阳诸家，托名于黄帝、老子的政治哲学思想学派。司马谈《论六家要旨》及《汉书·艺文志》所说的道家，就是"黄老之学"而不包含"老庄之学"。曹峰教授指出，"黄老之学"将以老子为代表的"道"作为思想基础，将以黄帝为代表的"天道"作为行动法则，贯穿着本与末、道与术相对应的思维。它不否定固有的文化传统，在老庄道家缺乏落实到现实世界方案的情况下，着眼于建构现实的价值、秩序，是一种极具操作性的政治思想。② 现存阐发黄老学说的文献主要是马王堆帛书《黄帝四经》，此外还有《管子》四篇（《心术》上、《心术》下、《白心》、《内业》）等。

从《黄帝四经》和《管子》四篇来看，黄老之学的思想特征如下：第一，援法入道，以道论法。《黄帝四经·经法》开篇即云"道生法"，法是道在政治社会中的落实，为法提供本体论依据。"执道者，生法而弗敢犯"，君主是现实的立法者，但亦需遵循法。第二，突出形名观念。黄老之学将形名的讨论应用到政治法律中，执法者必须依形名相符的原则审查事物是非。第三，阴柔相辅，刚柔相济。黄老之学继承老子的柔弱之道，但并非一味守静，而是强调刑德并用。《黄帝四经·十大经》以骄慢傲倨为"雄节"，以和顺恭俭为"雌节"，主张"雌节"，反对"雄节"。第四，《管子》中还以"精气说"论道体与万物的联系，认为道是由精气构成的，精是气最精粹的地方，这是《道德经》所未涉及的。汉初，

---

① 郭齐勇：《中国哲学史》，80～87 页，北京，高等教育出版社，2006。
② 曹峰：《出土文献视野下的黄老道家研究》，载《中国社会科学》，2013(2)。

《淮南子》对黄老思想加以改造，同时，由于社会休养生息的需要，黄老之学再度兴盛，《道德经》中"无为而治"的政治思想得到全面的贯彻实践。①

二、《道德经》与汉魏文化

汉武帝后，随着儒学获得独尊地位，黄老之学趋于衰落，但与此相反的是，老子却受到统治者前所未有的重视，汉代宫廷开始出现黄帝、老子的祭祀活动。《后汉书·郎顗襄楷传》记载，汉桓帝曾经于"宫中立黄老浮屠之祠"，此时老子已经逐渐变身为神仙。东汉末年，政局黑暗腐败，社会动荡不安，道教在这样的历史背景中脱胎而出。张道陵在巴蜀鹤鸣山创立五斗米道，奉老子为教主，以《老子》五千文为主要经典，其传道布教的《老子想尔注》云："一者道也。一在天地外，人在天地间，但往来人身中耳。一散形为气，聚形为太上老君。常沉昆仑，或言虚无，或言自然，或言无名，皆同一耳。"此后，老子便开始以"太上老君"的身份，作为神仙出现在中国文化传统中。②

魏晋之际，中国历史经历了又一大变局。政治陷入分裂状态的背后，是士族门阀势力的兴起。士族知识分子面对纷乱的社会现实，纷纷沉醉于对清谈玄言的追求中。这样的历史契机造就了玄学的兴起，而这一新形态的思想文化体系恰恰是以《道德经》代表的原始道家为文化资源的。魏晋玄学理论体系的奠基者王弼，少年即享高名，好论儒道。他著有《老子道德经注》和《老子指略》，同时又能援道入儒，以《老》《庄》解《易》，成《周易注》及《周易略例》，进而提出魏晋玄学的诸多基本命题。王弼对《道德经》思想进行了创造性转化，他最重要的成就在于提出"有之所始，以无为本"的贵无论。王弼认为，"无"是宇宙万物存在的最高本原和最高本体，"有"是宇宙万物的具体存在，以"无"为体，以"有"为用，以"无"为本，以"有"为末。

王弼所论之"有无"与《道德经》所论之"有无"最根本的区别在于，他将老子"无有"的生成关系转变为"以无为本"的体用关系。老子从生成、化生的层面出

---

① 黄老之学的相关论述参考了张丽珠教授的相关论述。参见张丽珠：《中国哲学史三十讲》，115～128 页，台北，里仁书局，2007。

② 胡孚琛：《中华道教大辞典》，1448 页，北京，中国社会科学出版社，1995。

发，认为"有生于无"，"无"和"有"是"本原"与"化生物"的关系，具有实在性并且在时间中进行；王弼则从本体的层面出发，认为"有之所始，以无为本。将欲全有，必反于无也"。宇宙万有的存在根本上以"无"为终极根据，这就使道家对有无关系的讨论跳出了生成论的时间性思维模式，将其转换为一个逻辑问题。

此外，王弼在论证"无"的本体性的过程中，还遇到"圣人优劣"的问题，即孔子、老子二人谁是理想的圣人。从形式上看，孔子探讨"有"，很少谈论虚无玄远的东西；而老子则主要讨论"无"。因此，凸显"无"的价值会抬升老子，这与当时孔子的神圣地位相左，容易受到批判、抵制。为了解决这一矛盾，王弼指出："圣人体无，无又不可以训，故不说也。老子是有者也，故恒言无所不足"。在王弼看来，孔子之所以绝少谈"无"，是因为他真正体悟到"无"的精神，明白"无"无法用言语论说。老子尽管总在论说"无"，但却是故弄玄虚，欲盖弥彰。由此，孔子成为"体无"者，老子成为"有"者，仍尊孔子为圣人，这就从形式上解决了以无为本和孔优老劣的矛盾。"圣人体无"这一说法，实际上是以道家义理界定孔子思想。王弼还提出"圣人有情而无累"的观点，他认为"情"是人与外物接触产生的反应，喜怒哀乐是人的"自然之性"，这一点圣人与常人相同。但对待"情"的态度上，圣人超出常人，能做到"有情而无累"。圣人之心能反映外物却不受其干扰，是"忘情"而非"无情"。"有情"是人性的自然表现，"无累"是体道的结果，因为圣人洞悉"有情"为"有"，"无累"为"无"，"无累"为"有情"之本，故能将"有情"归于"无累"。但从根本上说，以王弼为代表的魏晋玄学，仍是对老子思想的发展。汤用彤先生指出："王弼之学说，最后归于抱一，即得乎全，也就是反本，此乃老子之学说。"①

魏晋之后，道教在中古时期与佛教并行，以至于儒家文化受到冲击。中晚唐以来，以韩愈为代表的新儒学运动兴起，至宋代发展为声势浩大的理学风潮，自此佛老一并受到冲击而趋于消沉。

---

① 汤用彤：《魏晋玄学论稿》，139页，上海，上海古籍出版社，2005。

第二节　20 世纪以来《道德经》与道家文化研究概况

宋明以来，道家文化的复兴，实始于近代诸子学研究的复兴。20 世纪以来，《道德经》与道家文化研究经历过三次高潮，为我们今天从事学术研究奠定了坚实的基础。①

一、二三十年代的道家文化研究

20 世纪二三十年代，伴随着古史辨运动的兴起，学界对老子其人其书进行了一次大讨论，主要成果集中体现在罗根泽主编的《古史辨》第四册和第六册中，其中收录了胡适、梁启超、钱穆、冯友兰、顾颉刚、郭沫若、高亨等学术名家的研究文章。此外，这一时期还涌现出一大批专门考证《老子》的学术著作，如马叙伦的《老子校诂》、高亨的《老子正诂》、罗振玉的《道德经考异》、王重民的《老子考》、于省吾的《老子新证》、杨树达的《老子古义》等。以下我们就其中较具代表性的著述进行简要介绍。

胡适《中国哲学史大纲》（卷上）是近代中国首部系统的中国哲学史著述。胡适将老子视为中国哲学的始祖。胡适认为，老子确有其人，《老子》确系老子所著，孔子曾经向老子问礼。老子比孔子至多不过大 20 岁，老子当生于周灵王初年，即公元前 570 年左右。老子去世，则不知在于何时。

钱穆讨论老子的著述主要收录在《庄老通辨》一书中。其中《关于〈老子〉成书年代之一种考察》《再论〈老子〉成书年代》《三论〈老子〉成书年代》《〈老子〉书晚出补证》等文指出，今传《老子》五千余言，绝非孔子之前或同时人所著，此五千余言的成书年代应该在《庄子》成书之后。

冯友兰在 1931 年出版的《中国哲学史》中认为，《老子》是战国时代的作品，作者是战国时代的李耳。他晚年的著作《中国哲学史新编》继续保持这一观点。

---

① 本节主要参考清华大学人文学院孙明君教授的相关论述。参见孙明君：《历代〈老子〉研究举隅》，载《中华读书报》，2017-09-06。

同时，冯友兰认为《老子》的哲学体系包含两个主要部分：一是《老子》朴素的辩证法思想，这是值得肯定；二是《老子》的客观唯心主义宇宙观，这是应该批判的。

二、五六十年代的道家文化研究

20世纪五六十年代，大陆地区的《老子》研究，主要围绕老子的阶级立场及其哲学的唯物主义、唯心主义属性展开。《哲学研究》编辑部曾编辑出版《老子哲学讨论集》，该论文集将论文分为两组：一组以《老子》为唯物主义；另一组以《老子》为唯心主义。冯友兰、任继愈、汤一介等学者认为老子思想属于唯物主义。关锋（古棣）、林聿时、车载、杨荣国、周建人等学者认为老子哲学属于唯心主义。

此时，台湾地区的老学研究则延续了20世纪二三十年代的考证路径。某学者编印《无求备斋老子集成初编》和《无求备斋老子集成续编》，为老子研究提供了丰富的资料。陈鼓应出版《老子今注今译》，此书多次修订再版，直至今日仍为研读《道德经》的首要参考。

三、70年代以来的道家文化研究

20世纪70年代以来，随着诸多出土文献的发现，老子研究呈现出一片繁荣景象。1973年长沙马王堆三号汉墓出土的帛书《老子》、1993年湖北荆门郭店楚墓出土的竹简《老子》以及近年北京大学藏西汉竹书《老子》的发现，为《老子》研究提供了新材料。简帛本《老子》的发现，对研究《老子》的成书年代、文本校勘具有重要意义。郭店楚简的年代在战国中期，由此可见，《老子》的成书年代基本已经明确，它至少在战国中期时已经成书，钱穆等人关于《老子》晚出的观点是不能成立的。

这一时期还涌现出大量将传世本与简帛本相结合的研究著述，最具代表性的有高明的《帛书老子校注》与刘笑敢的《老子古今》。前者将帛书本与传世本逐句对照，便于初学参考研读；后者将《老子》竹简本、帛书本、傅奕本、河上公本、王弼本按八十一章顺序逐句对照排列，通过对勘，从字词、句式、韵式、修辞、语义、结构等方面分析该书两千年来的演变，揭示其中版本歧变和文本趋同、古本原貌与理想文本的辩证关系，为深入研究《老子》文本奠定了坚实基础。

此外，陈鼓应在《哲学研究》1990 年第 1 期发表《论道家在中国哲学史上的主干地位——兼论道、儒、墨、法多元互补》一文，提出了中国文化的"道家哲学主干"说。这一说法虽尚未得到学界公认，但表明对老子与道家思想文化的研究进入了一个新境界。

第三节　《道德经》与道家文化相关资料选读

这里辑录一些先秦两汉典籍中与老子、《道德经》以及道家学派相关的原始资料并加以评注，以期读者能够对《道德经》与道家文化有更为全面的认识。基本体例是，首先通过解题对所选文献的历史背景、内容主旨进行简要介绍，然后附上文献原文，难度较大的文献则附以译文，以便读者参考。

一、《史记·老子韩非列传》（节选）

（一）解题

《史记》是西汉司马迁所著纪传体通史，具有极高的史料价值。《史记·老子韩非列传》中有目前所见较为可靠的关于老子生平的记载。

（二）选文

老子者，楚苦县厉乡曲仁里人也，姓李氏，名耳，字聃，周守藏室之史也。

孔子适周，将问礼于老子。老子曰："子所言者，其人与骨皆已朽矣，独其言在耳。且君子得其时则驾，不得其时则蓬累而行。吾闻之，良贾深藏若虚，君子盛德，容貌若愚。去子之骄气与多欲，态色与淫志，是皆无益于子之身。吾所以告子，若是而已。"

孔子去，谓弟子曰："鸟，吾知其能飞；鱼，吾知其能游；兽，吾知其能走。走者可以为罔，游者可以为纶，飞者可以为矰。至于龙吾不能知，其乘风云而上天。吾今日见老子，其犹龙邪！"

老子修道德，其学以自隐无名为务。居周久之，见周之衰，乃遂去。至关，关令尹喜曰："子将隐矣，强为我著书。"于是老子乃著书上下篇，言道德之意五千余言而去，莫知其所终。

或曰：老莱子亦楚人也，著书十五篇，言道家之用，与孔子同时云。

盖老子百有六十余岁，或言二百余岁，以其修道而养寿也。

自孔子死之后百二十九年，而史记周太史儋见秦献公曰："始秦与周合，合五百岁而离，离七十岁而霸王者出焉。"或曰儋即老子，或曰非也，世莫知其然否。老子，隐君子也。

老子之子名宗，宗为魏将，封于段干。宗子注，注子宫，宫玄孙假，假仕于汉孝文帝。而假之子解为胶西王卬太傅，因家于齐焉。

世之学老子者则绌儒学，儒学亦绌老子。"道不同不相为谋"，岂谓是邪？李耳无为自化，清静自正。

二、《汉书·艺文志》(节选)

(一)解题

《汉书·艺文志》是我国历史上第一部史志目录，是东汉史学家班固在西汉刘向、刘歆父子所著《别录》《七略》的基础上修订而成的图书目录，基本可以反映先秦两汉时期的图书著录情况。《汉书·艺文志》将图书分为六艺略、诸子略、诗赋略、兵书略、数术略、方技略六类。其中"诸子略"将先秦诸子划分为"九流十家"，"十家"即儒家、道家、阴阳家、法家、名家、墨家、纵横家、杂家、农家、小说家，传统上认为小说家不入流，故称"九流"。以下仅选录《汉书·艺文志》中关于道家的论述。

(二)选文

道家者流，盖出于史官，历记成败存亡祸福古今之道，然后知秉要执本，清虚以自守，卑弱以自持，此君人南面之术也。合于尧之克攘，《易》之嗛嗛，一谦而四益，此其所长也。及放者为之，则欲绝去礼学，兼弃仁义，曰独任清虚可以为治。

三、《庄子·天下》(节选)

(一)解题

《天下》篇为《庄子》杂篇之一,本篇对先秦各家学术流派的思想观点加以概括评判,可以视为中国最早的学术史批评论著。以下仅选录《庄子·天下》中对关尹、老聃的相关评论。

(二)选文

以本为精,以物为粗,以有积为不足,澹然独与神明居,古之道术有在于是者。关尹、老聃闻其风而悦之。建之以常无有,主之以太一,以濡弱谦下为表,以空虚不毁万物为实。

关尹曰:"在己无居,形物自著。其动若水,其静若镜,其应若响。芴乎若亡,寂乎若清。同焉者和,得焉者失。未尝先人而常随人。"

老聃曰:"知其雄,守其雌,为天下谿;知其白,守其辱,为天下谷。"人皆取先,己独取后。曰"受天下之垢"。人皆取实,己独取虚,无藏也故有余。其行身也,徐而不费,无为也而笑巧。人皆求福,己独曲全。曰"苟免于咎"。以深为根,以约为纪。曰"坚则毁矣,锐则挫矣"。常宽于物,不削于人。虽未至极,关尹、老聃乎,古之博大真人哉!

(三)译文

以根本的道为精微,以有形的物为粗杂,以储积为不足,恬淡地独与造化灵妙共处,古来道术有属于这方面的。关尹、老聃听到这种风尚就喜好。建立常无、常有的学说,归本于最高的"太一",以柔弱谦下为外表,以虚空成就万物为实质。

关尹说:"不偏执己意,有形之物各自彰著。它们动时如流水,静时如明镜,反应如回响。恍惚如无有,寂静如清虚。相同则和谐,贪得便有失。从不争先而常随顺别人。"

老聃说:"认识雄强,持守雌柔,成为天下的溪涧;认识明亮,持守暗昧,成为天下的山谷。"人人都争先,他独自居后,说"承受天下的诟辱"。人人都求实际,他独自守虚空,不敛藏反而有多余。他立身行事,宽缓而不费损精神,自然无为而嗤笑机巧。人人都求福，他独自委曲求全，说"但求免除祸害"。以精深为根本，以要约为纲纪，说"坚硬的就容易毁坏，锐利的就容易挫折"。常宽容待物，不侵削别人。虽然没有达到极致，关尹、老聃可算是古来的博大真人啊！①

四、《韩非子·解老》(节选)

(一)解题

《韩非子·解老》是韩非子对老子《道德经》的解释，也是现存最早对《道德经》进行解读的文献。《解老》篇主要涉及《德经》九章和《道经》三章，这表明韩非子所见的《道德经》可能也是《德经》在先《道经》在后，次序与通行本相反。

本文首次提出"道"与"理"这一对哲学范畴："道者，万物之所然也，万理之所稽也。"两者的关系为"万物各异理，而道尽。稽万物之理，故不得不化"。这已经涉及一般与特殊的关系问题。韩非子基于法家立场而解说老子思想，因而有些观点与《道德经》本意存在一定差距。

(二)选文

德者，内也。得者，外也。"上德不德"，言其神不淫于外也。神不淫于外，则身全，身全之谓德。德者，得身也。凡德者，以无为集，以无欲成，以不思安，以不用固。为之欲之，则德无舍；德无舍，则不全。用之思之，则不固；不固，则无功；无功，则生于德。德则无德，不德则有德。故曰"上德不德，是以有德"。

所以贵无为无思为虚者，谓其意无所制也。夫无术者，故以无为无思为虚也。夫故以无为无思为虚者，其意常不忘虚，是制于为虚也。虚者，谓其意无所制也。今制于为虚，是不虚。虚者之无为也，不以无为为有常。不以无为为有常，则虚；虚则德盛，德盛之为上德。故曰"上德无为而无不为也"。

仁者，谓其中心欣然爱人也。其喜人之有福，而恶人之有祸也；生心之所不能已也，非求其报也。故曰"上仁为之而无以为也"。

---

① 本节译文参考了陈鼓应：《庄子今注今译》(下)，1015～1016 页，北京，商务印书馆，2007。

义者，君臣上下之事，父子贵贱之差也，知交朋友之接也，亲疏内外之分也。臣事君宜，下怀上宜，子事父宜，贱敬贵宜，知交友朋之相助也宜，亲者内而疏者外宜。义者，谓其宜也，宜而为之。故曰"上义为之而有以为也"。

礼者，所以貌情也，群义之文章也，君臣父子之交也，贵贱贤不肖之所以别也。中心怀而不谕，故疾趋卑拜而明之；实心爱而不知，故好言繁辞以信之。礼者，外饰之所以谕内也。故曰礼以貌情也。凡人之为外物动也，不知其为身之礼也。众人之为礼也，以尊他人也，故时劝时衰。君子之为礼，以为其身；以为其身，故神之为上礼；上礼神而众人贰，故不能相应；不能相应，故曰"上礼为之而莫之应"。众人虽贰，圣人之复恭敬尽手足之礼也不衰。故曰"攘臂而仍之"。

道有积而积有功；德者，道之功。功有实而实有光；仁者，德之光。光有泽而泽有事；义者，仁之事也。事有礼而礼有文；礼者，义之文也。故曰"失道而后失德，失德而后失仁，失仁而后失义，失义而后失礼"。

礼为情貌者也，文为质饰者也。夫君子取情而去貌，好质而恶饰。夫恃貌而论情者，其情恶也；须饰而论质者，其质衰也。何以论之？和氏之璧，不饰以五采；隋侯之珠，不饰以银黄。其质至美，物不足以饰。夫物之待饰而后行者，其质不美也。是以父子之间，其礼朴而不明，故曰礼薄也。凡物不并盛，阴阳是也；理相夺予，威德是也；实厚者貌薄，父子之礼是也。由是观之，礼繁者，实心衰也。然则为礼者，事通人之朴心者也。众人之为礼也，人应则轻欢，不应则责怨。今为礼者，事通人之朴心，而资之以相责之分，能毋争乎？有争则乱，故曰"夫礼者，忠信之薄也，而乱之首乎"。

先物行先理动之谓前识。前识者，无缘而妄意度也。何以论之？詹何坐，弟子侍，牛鸣于门外。弟子曰："是黑牛也而白在其题。"詹何曰："然，是黑牛也，而白在其角。"使人视之，果黑牛而以布裹其角。以詹子之术，婴众人之心，华焉殆矣。故曰"道之华也"。尝试释詹子之察，而使五尺之愚童子视之，亦知其黑牛而以布裹其角也。故以詹子之察，苦心伤神，而后与五尺之愚童子同功，是以曰"愚之首也"。故曰"前识者，道之华也，而愚之首也"。

∙∙∙∙∙∙∙∙∙∙∙

人有祸，则心畏恐；心畏恐，则行端直；行端直，则思虑熟；思虑熟，则得事理。行端直，则无祸害；无祸害，则尽天年。得事理，则必成功。尽天年，则全而寿。必成功，则富与贵。全寿富贵之谓福。而福本于有祸。故曰"祸兮福之所倚"。以成其功也。

人有福，则富贵至；富贵至，则衣食美；衣食美，则骄心生；骄心生，则行邪僻而动弃理。行邪僻，则身死夭；动弃理，则无成功。夫内有死夭之难而外无成功之名者，大祸也。而祸本生于有福。故曰"福兮祸之所伏"。

（三）译文

德，是内部存在的东西。得，是从外部得到的东西。"最高境界的德就是不执着于德"，是说具有上德的人精神不游移于外部事物。精神不外露，自身就能保全。自身能够保全，也就叫作"德"。"德"即得到自身。凡是德，都是以无为来积聚，以无欲来成就，以不思虑来得到安定，以不使用来得到巩固的。如果有为、有欲，德就无所归宿；德无所归宿，身体就不能保全。使用了，思虑了，德就不能牢固；不牢固，就没有功业；没有功业，就会产生对德的追求。人为地追求德，就没有德；不人为地追求德，就保全了德。所以《老子》说："最高境界的德就是不执着于德，因此才有德。"

所以推崇那些无为、无思而达到虚无境界的人，是说他们的心意不受任何牵制。那些没有修养的人，故意用无为、无思来追求虚无的境界。故意用无为、无思来追求虚无境界的人，他的心意常常不忘记虚无，这就是被虚无所牵制了。虚无是说他的心意不受牵制。现在被虚无所牵制，就不是虚无了。真正达到虚无境界的人，在对待无为上，不把无为当作经常要注意的事。不把无为当作经常要注意的事，就达到了虚无的境界；达到了虚无的境界，德就充足；德充实就叫作上德。所以《老子》说："上德无为而又无所不为。"

仁是内心自发地去爱人，喜欢别人得到幸福而不喜欢别人遭到祸害。这出于抑制不住的内在感情冲动，并不是为了求得别人的报答。所以《老子》说："最高境界的仁是去做它而不是怀着目的去表现。"

义是指君臣和上下级的关系，父子和贵贱之间的差异，知己和朋友的交往，亲疏内外的分别。臣子侍奉君主很恰当，下属依恋上司很恰当，儿子侍奉父亲很恰当，卑贱礼敬尊贵很恰当，知交朋友互助很恰当，内亲外疏很恰当。义就是说处理各种关系很适宜，适宜的才去做。所以《老子》说："最高境界的义就是去做并且有目的地去做。"

礼是体现情感的，是各种关系的外在表现，是君臣、父子之间的界限，是贵和贱、有才德和无才德的区别标准。内心依恋而不能表达，所以用疾趋卑拜等动作来加以表明；心里有所爱慕而对方却不了解，所以用美好动听的言辞来加以申述。礼是用来表明内心感情的外部形式。所以说礼是表达情感的。凡人受外界事物的影响而有感动时，并不知道他应该讲求自身的礼节了。众人实行礼，是为了尊重别人，所以有时认真，有时马虎。君子行礼，是为了他自身的需要；为了自身的需要，所以专心一意地对待礼，这才叫作最高境界的礼；最高境界的礼专心一意而众人三心二意，所以两方面不能相应；两方面不能相应，所以《老子》说："最高境界的礼实行了却没有人响应。"虽然一般人三心二意，但圣人仍然保持恭敬，一举一动都遵守礼而毫不懈怠。所以《老子》说圣人**"竭尽全力继续行礼"**。

道有所积聚，而有所积聚就有功业；德就是道的功业。功业有实际表现，有实际表现就有光辉；仁就是德的光辉。光辉有它的色泽，色泽有表现它的事情；义就是表现仁的事情。事情有礼的规定，礼有文采的外观；礼也就是义的文采。所以《老子》说："失去道之后，就失掉了德；失去德之后，就失掉了仁；失去仁之后，就失掉了义；失去义之后，就失掉了礼。"

礼是情感的表现，文采是本质的修饰。君子注重情感而舍弃情感的表现，喜欢本质而厌恶修饰。那些凭借表现形式才能讨论的情感，那情感就是恶的；那些靠修饰才能讨论的本质，那本质就是糟的。为什么这么说呢？和氏璧，不用五彩修饰；隋侯珠，不用金银修饰。它们的本质极美，别的东西不足以修饰它们。等待修饰然后流行的事物，它的本质不美。因此父子之间的礼纯朴自然而不拘形式，所以说，礼是淡薄的。一切事物不能同时旺盛，阴阳就是这样；事理总是正反相互排斥的，威和德就是这样；实情深厚的外表就淡薄，父子之间的礼就是这样。由此看来，礼节繁琐是内心真实感情衰竭的表现。既是这样，那么行礼这事，正是为了沟通人们朴实的心意。一般人的行礼，别人回礼就轻快欢乐，不回礼就责怪怨恨。现在行礼的人本想沟通人们朴实的心意，但却提供了互相责备的依据，能不发生争执吗？有争执就乱，所以《老子》说："礼，是忠信淡薄的表现，是混乱的开端。"

在事物出现之前就能判断，在事理表现之前就行动，叫作前识。前识是没有依据而作出的胡乱猜测。为什么这样说呢？詹何坐着，弟子侍候，牛在门外叫。弟子说："这是头黑牛而有白额。"詹何说："对。这是头黑牛，但白色在它角上。"叫人去看，果然是黑牛而用布包着它的角。用詹何的方法来扰乱众人的心，华而不实且太危险了。所以说前识"是道的虚华的表现"。不妨放弃詹何的明察，而叫五尺愚童去看，也知道是黑牛而用白布包着它的角。因此，用詹何的明察，劳心伤神，然后才能和五尺愚童同等效果，所以《老子》说"前识是愚钝的开端"。所以《老子》说："前识是道的浮华，是愚蠢的开端。"

…………

人有祸害，内心就恐惧；内心恐惧，行为就正直；行为正直，思虑就成熟；思虑成熟，就能得到事物的规律。行为正直，就没有祸害；没有祸害，就能尽享天年。得到事理，就一定能成就功业。尽享天年，就能全身而长寿。一定成就功业，就富有而显贵。全寿富贵叫作福。而福来源于有祸。所以《老子》说："祸啊，是福所依存的地方。"就是由于灾祸成就了功业。

人有福，富贵就来到；富贵来到，衣食就美好；衣食美好，骄心就产生；骄心产生，就会行为邪僻而举动悖理。行为邪僻，自身就会早死；举动悖理，就不会成就功业。内有早死的灾难而外无成功的名声，也就成了大祸。而祸来源于有福。所以《老子》说："福啊，是祸所潜伏的地方。"①

五、《韩非子·喻老》

（一）解题

《韩非子·喻老》也是韩非子解读《老子》的著述。本篇的特色在于，用25

---

① 本节译文主要参考刘乾先等：《韩非子译注》（上），206～215页，哈尔滨，黑龙江人民出版社，2003。

则历史故事对《老子》的部分篇章加以阐释。本文生动而又深刻，较《解老》而言，更贴合《道德经》本意，读来亦颇有趣味，因而将全篇收录于此。

(二)选文

天下有道，无急患，则曰静，遽传不用。故曰"却走马以粪"。天下无道，攻击不休，相守数年不已，甲胄生虮虱，燕雀处帷幄，而兵不归。故曰"戎马生于郊"。

翟人有献丰狐、玄豹之皮于晋文公，文公受客皮而叹曰："此以皮之美自为罪。"夫治国者以名号为罪，徐偃王是也；以城与地为罪，虞、虢是也。故曰"罪莫大于可欲"。

智伯兼范、中行而攻赵不已，韩、魏反之，军败晋阳，身死高梁之东，遂卒被分，漆其首以为溲器。故曰"祸莫大于不知足"。

虞君欲屈产之乘与垂棘之璧，不听宫之奇，故邦亡身死。故曰"咎莫憯于欲得"。

邦以存为常，霸王其可也；身以生为常，富贵其可也。不以欲自害，则邦不亡，身不死。故曰"知足之为足矣"。

楚庄王既胜，狩于河雍，归而赏孙叔敖。孙叔敖请汉间之地，沙石之处。楚邦之法，禄臣再世而收地，唯孙叔敖独在。此不以其邦为收者，瘠也，故九世而祀不绝。故曰"善建不拔，善抱不脱，子孙以其祭祀世世不辍"。孙叔敖之谓也。

制在己曰重，不离位曰静。重则能使轻，静则能使躁。故曰"重为轻根，静为躁君"。故曰"君子终日行，不离辎重"也。邦者，人君之辎重也。主父生传其邦，此离其辎重者也，故虽有代、云中之乐，超然已无赵矣。主父，万乘之主，而以身轻于天下。无势之谓轻，离位之谓躁，是以生幽而死。故曰"轻则失臣，躁则失君"。主父之谓也。

势重者，人君之渊也。君人者，势重于人臣之间，失则不可复得也。简公失之于田成，晋公失之于六卿，而邦亡身死。故曰"鱼不可脱于深渊"。赏罚者，邦之利器也，在君则制臣，在臣则胜君。君见赏，臣则损之以为德；君见罚，臣则益之以为威。人君见赏，而人臣用其势；人君见罚，人臣乘其威。故曰"邦之利器，不可以示人"。

越王入宦于吴，而观之伐齐以弊吴。吴兵既胜齐人于艾陵，张之于江、济，强之于黄池，故可制于五湖。故曰"将欲翕之，必固张之；将欲弱之，必固强之"。晋献公将欲袭虞，遗之以璧马；知伯将袭仇由，遗之以广车。故曰"将欲取之，必固与之"。起事于无形，而要大功于天下，是谓微明。处小弱而重自卑，谓损弱胜强也。

有形之类，大必起于小；行久之物，族必起于少。故曰"天下之难事必作于易，天下之大事必作于细"。是以欲制物者于其细也，故曰"图难于其易也，为大于其细也"。千丈之堤以蝼蚁之穴溃，百尺之室以突隙之烟焚。故曰白圭之行堤也塞其穴，丈人之慎火也涂其隙，是以白圭无水难，丈人无火患。此皆慎易以避难，敬细以远大者也。扁鹊见蔡桓公，立有间。扁鹊曰："君有疾在腠理，不治将恐深。"桓侯曰："寡人无疾。"扁鹊出。桓侯曰："医之好治不病以为功。"居十日，扁鹊复见曰："君之病在肌肤，不治将益深。"桓侯不应。扁鹊出。桓侯又不悦。居十日，扁鹊复见曰："君之病在肠胃，不治将益深。"桓侯又不应。扁鹊出。桓侯又不悦。居十日，扁鹊望桓侯而还走，桓侯故使人问之。扁鹊曰："病在腠理，汤熨之所及也；在肌肤，针石之所及也；在肠胃，火齐之所及也；在骨髓，司命之所属，无奈何也。今在骨髓，臣是以无请也。"居五日，桓侯体痛，使人索扁鹊，已逃秦矣。桓侯遂死。故良医之治病也，攻之于腠理。此皆争之于小者也。夫事之祸福亦有腠理之地，故圣人早从事焉。

昔晋公子重耳出亡，过郑，郑君不礼。叔瞻谏曰："此贤公子也，君厚待之，可以积德。"郑君不听。叔瞻又谏曰："不厚待之，不若杀之，无令有后患。"郑君又不听。及公子返晋邦，举兵伐郑，大破之，取八城焉。晋献公以垂棘之璧假道于虞而伐虢，大夫宫之奇谏曰："不可。唇亡而齿寒，虞、虢相救，非相德也。今日晋灭虢，明日虞必随之亡。"虞君不听，受其璧而假之道。晋已取虢，还，反灭虞。此二臣者皆争于腠理者也，而二君不用也。然则叔瞻、宫之奇亦虞、郑之扁鹊也，而二君不听，故郑以破，虞以亡。故曰"其安易持也，其未兆易谋也"。

　　昔者纣为象箸而箕子怖，以为象箸必不加于土铏，必将犀玉之杯；象箸、玉杯必不羹菽藿，必旄、象、豹胎；旄、象、豹胎必不衣短褐而食于茅屋之下，则锦衣九重，广室高台。吾畏其卒，故怖其始。居五年，纣为肉圃，设炮烙，登糟丘，临酒池，纣遂以亡。故箕子见象箸以知天下之祸。故曰"见小曰明"。

　　勾践入宦于吴，身执干戈为吴王洗马，故能杀夫差于姑苏。文王见詈于王门，颜色不变，而武王擒纣于牧野。故曰"守柔曰强"。越王之霸也不病宦，武王之王也不病詈。故曰"圣人之不病也，以其不病，是以无病也"。

　　宋之鄙人得璞玉而献之子罕，子罕不受。鄙人曰："此宝也，宜为君子器，不宜为细人用。"子罕曰："尔以玉为宝，我以不受子玉为宝。"是鄙人欲玉，而子罕不欲玉。故曰"欲不欲，而不贵难得之货"。

　　王寿负书而行，见徐冯于周途。冯曰："事者，为也；为生于时，知者无常事。书者，言也；言生于知，知者不藏书。今子何独负之而行？"于是王寿因焚其书而舞之。故知者不以言谈教，而慧者不以藏书箧。此世之所过也，而王寿复之，是学不学也。故曰"学不学，复归众人之所过也"。

　　夫物有常容，因乘以导之。因随物之容，故静则建乎德，动则顺乎道。宋人有为其君以象为楮叶者，三年而成。丰杀茎柯，毫芒繁泽，乱之楮叶之中而不可别也。此人遂以功食禄于宋邦。列子闻之曰："使天地三年而成一叶，则物之有叶者寡矣。"故不乘天地之资而载一人之身，不随道理之数而学一人之智，此皆一叶之行也。故冬耕之稼，后稷不能羡也；丰年大禾，臧获不能恶也。以一人之力，则后稷不足；随自然，则臧获有余。故曰"恃万物之自然而不敢为也"。

　　空窍者，神明之户牖也。耳目竭于声色，精神竭于外貌，故中无主。中无主，则祸福虽如丘山，无从识之。故曰"不出于户，可以知天下；不窥于牖，可以知天道"。此言神明之不离其实也。

　　赵襄主学御于王子于期，俄而与于期逐，三易马而三后。襄主曰："子之教我御，术未尽也？"对曰："术已尽，用之则过也。凡御之所贵：马体安于车，人心调于马，而后可以进速致远。今君后则欲逮臣，先则恐逮于臣。夫诱道争远，非先则后也，而先后心皆在于臣，上何以调于马？此君之所以后也。"

白公胜虑乱，罢朝，倒杖而策锐贯颐，血流至于地而不知。郑人闻之曰："颐之忘，将何不忘哉！"故曰"其出弥远者，其智弥少"。此言智周乎远，则所遗在近也。是以圣人无常行也。能并智，故曰"不行而知"。能并视，故曰"不见而明"。随时以举事，因资而立功，用万物之能而获利其上，故曰"不为而成"。

楚庄王莅政三年，无令发，无政为也。右司马御座而与王隐曰："有鸟止南方之阜，三年不翅，不飞不鸣，嘿然无声，此为何名？"王曰："三年不翅，将以长羽翼；不飞不鸣，将以观民则。虽无飞，飞必冲天；虽无鸣，鸣必惊人。子释之，不榖知之矣。"处半年，乃自听政。所废者十，所起者九，诛大臣五，举处士六，而邦大治。举兵诛齐，败之徐州，胜晋于河雍，合诸侯于宋，遂霸天下。庄王不为小害善，故有大名；不早见示，故有大功。故曰"大器晚成，大音希声"。

楚庄王欲伐越，杜子谏曰："王之伐越，何也？"曰："政乱兵弱。"杜子曰："臣愚患之。智如目也，能见百步之外而不能自见其睫。王之兵自败于秦、晋，丧地数百里，此兵之弱也。庄蹻为盗于境内而吏不能禁，此政之乱也。王之弱乱，非越之下也，而欲伐越，此智之如目也。"王乃止。故知之难，不在见人，在自见，故曰"自见之谓明"。

子夏见曾子。曾子曰："何肥也？"对曰："战胜，故肥也。"曾子曰："何谓也？"子夏曰："吾入见先王之义，则荣之；出见富贵之乐，又荣之。两者战于胸中，未知胜负，故臞。今先王之义胜，故肥。"是以志之难也，不在胜人，在自胜也。故曰"自胜之谓强"。

周有玉版，纣令胶鬲索之，文王不予；费仲来求，因予之。是胶鬲贤而费仲无道也。周恶贤者之得志也，故予费仲。文王举太公于渭滨者，贵之也；而资费仲玉版者，是爱之也。故曰"不贵其师，不爱其资，虽知大迷，是谓要妙"。

（三）译文

天下太平，没有战争，就叫作静，传递紧急公文的车马都不用了。所以

《老子》说"歇下奔马，用来运肥耕田"。天下不太平，战争频繁，相互防备着，几年都不停止，将士的盔甲上长出了虮子，燕雀在军帐上筑起了窝，而军队仍不能返回。所以《老子》说"战马在郊外产下马驹"。

有个翟人把大狐、黑豹的皮进献给晋文公。晋文公接受客人的兽皮后感叹道："狐豹因为皮美给自己带来了祸害。"国君因为名号而带来祸害的，徐偃王就是一例；因城池与土地造成祸害的，虞、虢就是一例。所以《老子》说"罪过中没有比可以引起欲望的东西更大的了"。

智伯兼并范氏、中行氏后，又不停地进攻赵氏，韩、魏背叛智伯，智伯的军队在晋阳战败，智伯死在高梁东边，他的封地终于被瓜分，他的头骨被涂漆后用作饮器。所以《老子》说"祸患中没有比不知足更大的了"。

虞君贪图屈地产出的良马和垂棘出的璧玉，不听宫之奇的劝谏，因而国家灭亡，虞君身死。所以《老子》说"过失中没有比贪得更惨痛的了"。

国家把生存作为根本，称霸称王也就有了可能；身体把生命作为根本，富贵也就有了可能。不用贪欲来危害自身，国家就不会灭亡，自身就不会死亡。所以《老子》说"知道满足也就是真正的满足了"。

楚庄王救郑获胜后，在河雍打猎，回国后奖赏孙叔敖。孙叔敖请求封汉水附近的沙石之地。楚国的法律，享受俸禄的大臣，到第二代就要收回封地，只有孙叔敖的封地独存。不把他的封地收回，其中的原因是土地贫瘠，因而他的子孙好多代享有这块封地。所以《老子》说"善于树立的就拔不掉，善于抱持的就脱不开，子孙因为善守封地而代代香火不绝"。说的就是孙叔敖这种情况。

控制权掌握在君主手中叫重，不离开君位叫静。君权重就能役使轻，君静就能驾驭躁。所以《老子》说"重是轻的根本，静是躁的主宰"。所以《老子》又说"君子整天走路，不离开辎重"。国家即君主的辎重。赵武灵王活着就传位给儿子，这就是离开了他的"辎重"，所以虽然有代郡、云中郡的乐事，但飘飘然已失去赵国了。武灵王是大国君主，却让自己被天下人所轻视。失去权势叫作轻，离开君位叫作躁，因此（赵武灵王）被活活囚禁而饿死了。所以《老子》说"轻，就会失去臣下；躁，就会丢掉君位"。说的就是赵武灵王这类情况。

权势是君主的深潭。君主的权势一旦落到臣下手里，就不可能再得到了。齐简公的权势落到田成子手中，晋国的君权落到六卿手中，致使国亡身死。所以《老子》说"鱼不可以脱离深渊"。赏罚是国家的锐利武器，君主握在手中就能控制臣下，臣子握在手中就能制服君主。君主表示要行赏，臣子就施舍一部分来显示自己的恩德；君主表示要行罚，臣子就加重刑罚来显示自己的权威。君主表示要行赏，臣子就利用他的权势；君主表示要行罚，臣子就凭借他的威风。所以《老子》说"国家的锐利武器，不可以拿给别人观看"。

越王来到吴国从事贱役，却示意吴王北上伐齐以便削弱吴国。吴军已在艾陵战胜了齐军，势力扩张到长江、济水流域，又在黄池盟会上逞强，因此可以控制五湖。所以《老子》说"想要缩小它，必须暂且扩张它；想要削弱它，必须暂且加强它"。晋献公想要偷袭虞国，就把宝玉、良马赠送给虞君；智伯将要袭击仇由，就把载着大钟的车送给他们。所以《老子》说"想要夺取它，必须暂且给予它"。不露形迹地完成事业，求得在天下获取大功，这就叫微妙的明智。有意处在弱小地位，谦卑地克制自己，这叫以弱胜强。

凡是有形的东西，大的必定从小的发展起来；经历长久的事物，众多全都由稀少积累起来。所以《老子》说"天下的难事必定开始于简易，天下的大事必定开始于微细"。因此要想控制事物，就要从它微细时着手。所以《老子》说"解决难题要从易处着手，想干大事要从小处着手"。千丈长堤，因为蝼蚁营窟而毁于一旦；百尺高屋，因为烟囱漏火而导致焚毁。所以说白圭巡视长堤时堵塞小洞，老人谨防跑火而涂封缝隙，因此白圭没有水灾，老人没有火灾。这些都是谨慎地对待容易的事进而避免了难事发生，郑重地对待细小的漏洞进而避免了大祸。扁鹊拜见蔡桓公，站了一会儿。扁鹊说："您有病在表皮上，不治怕会加深。"桓侯说："我没有病。"扁鹊走了。桓侯说："医生喜欢医治没病的人来作为自己的功劳。"过了十天，扁鹊又拜见桓侯说："您的病到肌肤了，不治就会进一步加深。"桓侯不理睬。扁鹊走了，桓侯再次表示不高兴。过了十天，扁鹊又拜见桓侯说："您的病到了肠胃，不治会更加厉害。"桓侯再次不予理睬。扁鹊走了，桓侯十分不高兴。过了十天，扁鹊看见桓侯转身就跑，桓侯特意派人问他。扁鹊说："病在表皮，药物熏敷可以治好；在肌肤，针灸可以治好；

在肠胃，清热的汤药可以治好；在骨髓，就由主宰生命的神管辖了，没有办法治了。现在君主病入骨髓，因此我就不再求见了。"过了五天，桓侯身体疼痛难忍，派人找扁鹊，扁鹊已经逃往秦国。于是桓侯死了。所以良医治病，趁它还在表皮就加以治疗，这都是为了刚显露苗头的时候及早处理。事情的祸福也有刚露苗头的时候，所以圣人能够及早处理。

从前晋公子重耳流亡，路过郑国，郑君对他很不礼貌。叔瞻劝说道："这是贤明的公子，您好好待他，可以积德。"郑君不听从。叔瞻又劝说道："不好好待他，不如杀了他，以免留下后患。"郑君还是不听。等到重耳返回晋国成为君主，起兵伐郑，大败郑国，夺取了郑国的八座城。晋献公用垂棘的宝玉向虞国借路去攻打虢国，大夫宫之奇劝说道："不可借路。唇亡而齿寒，虞、虢互相救援，并不是在互相施恩。今天晋灭虢，明天虞必定会跟着灭亡。"虞君不听，接受晋国的宝玉，借给晋军道路。晋在攻取虢后，返回路上就灭了虞。这两位臣子在祸害刚露苗头时就想出了办法，但两位君主不采纳。这样看来，叔瞻、宫之奇也是郑国、虞国的扁鹊啊，但两位君主不听他们的建议，所以郑国战败了，虞国灭亡了。所以《老子》说"事情安定时容易维持，事情未露苗头时容易想法处理"。

从前商纣制作了象牙筷子，箕子非常担忧，认为使用象牙筷子一定不会再用陶器装汤，一定会配合使用犀牛角杯或玉杯；象筷、玉杯一定不会用于吃豆类叶子熬的浓汤，一定要去吃牦牛、大象、豹子的胎儿；吃牦牛、大象、豹子的胎儿就一定不会穿粗布短衣，不会在茅屋下面食用，就一定要穿多层的织锦衣服，住高大宽敞的房屋。箕子害怕结果严重，所以深为这样的开端担忧。过了五年，商纣摆设肉林，建炮烙之刑，登上酒糟山，俯临酒池，商纣因此灭亡。所以箕子看见象牙筷子就预感到了天下要发生灾祸。所以《老子》说"能够看到事物的萌芽状态，就叫作明"。

勾践到吴国服贱役，亲自拿着兵器做吴王的马前卒，所以能在姑苏把夫差杀死。文王在玉门受到辱骂，面不改色，结果武王在牧野擒获了纣王。所以《老子》说"能够保持柔弱就叫刚强"。越王称霸，并不因为担任贱役而苦恼；武王称王，并不因为被人辱骂而苦恼。所以《老子》说"圣人之所以不苦恼，是因为不把平常人感到苦恼的事看成苦恼的，因此就不苦恼"。

宋国有个乡下人得到一块没有加工的玉石，把它进献给子罕，子罕不接受。乡下人说："这是宝玉，应该作为君子的器物，不应被小人使用。"子罕说："你把玉看成宝，我把不接受你的玉看成宝。"所以《老子》说"把没有欲望当作欲望，不要把难得的财物看得贵重"。

王寿背着书走路，在四通八达的大路上遇到了徐冯。徐冯说："事情是人做出来的，人的行为产生于当时的需要，聪明的人没有固定不变的做事方法。书本是记载言论的，言论产生于认识，智慧的人是不藏书的。现在你为什么偏要背着书本走路呢？"于是王寿烧了他的书并把灰烬也扬掉。所以聪明的人不用空言说教，智慧的人不用藏书箱子。不说教、不藏书是世人所指责的，而王寿又犯了这样的错误，这是把不学习作为学习了。所以《老子》说"把不学习作为学习，重新走上众人认为错误的道路"。

万物都有常态，应该因势利导。由于顺应了万物的常态，所以静止的时候能保持本性，活动的时候能顺应规律。有个宋国人为君主用象牙雕刻楮叶，三年刻成了。它的宽狭、筋脉、茸毛、色泽，即使是混杂在真的楮叶中也不能辨别出来。这个人因为这一功劳而在宋国当了官。列子听到后说："假使自然界要经过三年才长成一片叶子，那么有叶子的东西也就太少了！"所以不依靠自然条件而仅凭一个人的本事，不顺应自然法则而表现一个人的智巧，那都是用三年时间雕刻一片叶子的行为。所以冬天里种出的庄稼，后稷也不能使它多产；丰年里旺盛的庄稼，奴仆也不能使它枯败。仅凭一个人的力量，就是后稷也难以产出足够的粮食；顺应自然规律，就是奴仆也会生产多余的粮食。所以《老子》说"依靠万物自然而然地发展，而不敢勉强去做"。

五官是精神的门窗。听力、视力被音乐、美色所耗尽，精神被外貌仪表所耗尽，所以内心就没有主宰。内心没有主宰，祸福即使像山丘那么明显，也无法认识它。所以《老子》说"不出门户，可以知道天下的事情；不从窗口向外张望，可以知道自然的规律"。这是说精神不要离开自身形体。

赵襄子向王子于期学习驾驭马车，不久和子期赛马，赵襄子换了三次马，结果三次都落后了。赵襄子说："您教我驾马，技巧没有全教给我吧？"子期回答："技巧已全部教给您了，但您在运用方面还有错误。驾驭车马最重要的是，让马的身体和车子尽量安稳，人的注意力和马的动作相协调，然后才能够跑得快，跑得远。现在您落在后面，就想赶上我；跑到前面，又怕被我赶上。引导马做远程赛跑，不是领先，就是落后；不管您是在前还是在后，注意力都在我身上，还怎么能和马协调一致呢？这就是您落后的原因。"

白公胜策划政变，朝会结束后，他倒拿着马鞭，因而马鞭上的尖针扎破了脸颊，血流到地上他也未觉察。郑人听到后说："脸颊都忘记了，还有什么不会忘记呢？"所以《老子》说："人们外出越远，知道的东西反而越少。"这是说总想着远处的事，就会丢掉眼前的事。因此圣人没有固定的行动。能够同时考虑远近事情，才不会陷于片面，所以《老子》说"不行动反而能知道许多事"。能同时考虑远近各处，观察问题才不会陷于片面，所以《老子》说"没看到就清楚了"。根据时机来办事，依靠外界条件来立功，利用万物的特性而在此基础上获利，所以《老子》说"不去做就成功了"。

楚庄王执政三年，没有发布过命令，没有处理过政事。右司马侍坐，用隐语对楚庄王说："有一只鸟栖息在南边的土丘上，三年不展翅，不飞不鸣，默然无声，这鸟该怎么称呼？"楚庄王说："三年不展翅，是用来长羽翼的；不飞不鸣，是用来观察民众的习惯的。虽然没有起飞，但一飞必定冲天；虽然没有鸣叫，但一鸣必定惊人。您别管了吧，我已经知道了。"过了半年，楚庄王就亲自处理政事了。废掉的事情有十件，兴办的事情有九件，诛杀了五个大臣，进用了六个处士，结果把国家治理得非常好。起兵伐齐，在徐州打败了齐国，在河雍战胜了晋军，在宋地会合诸侯，于是称霸天下。楚庄王不让小事妨碍自己的长处，因而能有大名；不过早表露出来，因而能有大功。所以《老子》说"大器晚成，大音希声"。

楚庄王想攻打越国，杜子进谏说："大王攻打越国，为什么？"楚庄王说："越国政乱兵弱。"杜子说："愚臣很为此事担忧。智慧好比眼睛，能看见百步以外的东西，却不能看见自己的眼睫毛。大王您的军队曾被秦、晋打败，丧失了数百里的土地，这是兵弱；庄蹻在境内造反，官府却不能加以禁止，这是政乱。大王兵弱政乱，并不在越国之下，反而想去攻打越国，这就是智慧如同眼睛，见远不见近啊。"楚庄王就停止了行动。所以了解事物的困难，不在于看清别人，而在于看清自己。所以《老子》说"能认识自己就叫作明"。

子夏遇到曾子。曾子说："你怎么胖了？"子夏回答说："打了胜仗，所以胖了。"曾子说："这话怎么讲？"子夏说："我在家里学习先王的道理，总会非常敬仰；出门后看见富贵的乐事又总会十分羡慕。这两种情绪在心里发生了斗争，不分胜负，所以我瘦了。现在先王的道理终于取胜了，所以我胖了。"因此立志的困难，不在于胜过别人，而在于战胜自己。所以《老子》说"能够战胜自我就叫作强"。

周人有一块玉版，商纣派胶鬲去索取，周文王不给他；费仲前去索求，文王就给了。这是因为胶鬲有才德而费仲是个奸佞之人。周人担心贤人在殷商得志，所以给了费仲。周文王在渭水边提拔太公，那是尊重他；把玉版提供给费仲，是看中他得志后可以扰乱殷纣。所以《老子》说"不尊重自己的老师，不爱惜可利用的条件，尽管聪明，终是大糊涂，这就叫作奥妙"。①

第四节 《道德经》研究书目举要

研究《道德经》，可以参考的著作很多。以下选择几本比较重要且流传较为广泛的参考书进行简单介绍。

一、朱谦之《老子校释》

这里参考的是中华书局 1984 年版。本书是朱谦之先生以唐景龙二年(708 年)易州龙兴观《道德经》碑文为主，参考石本、敦煌本、旧抄本、佚本、明正统《道藏》本等 100 余种刻本，对传世《老子》文本进行文字校勘之作。传世《老子》各种版本的异文，此书基本囊括。进行传世本《老子》的文字校勘，此书是重要的参考。

---

① 本节译文主要参考刘乾先等：《韩非子译注》(上)，247～268 页，哈尔滨，黑龙江人民出版社，2003。

二、楼宇烈《老子道德经注校释》

这里参考的是中华书局 2008 年版。本书为楼宇烈先生对王弼《老子道德经注》的校注之作。王弼本《道德经》为传统学界中最为通行的本子，注解简明，保存部分老子古意，同时也是魏晋玄学思想的代表著作。此书是当今最为精审的王弼《老子道德经注》校勘注释本。

三、杨树达《老子古义》

这里参考的是上海古籍出版社 2006 年版。杨树达先生为 20 世纪著名的文史学者，长于古文字、古文献及古汉语语法研究，中华人民共和国成立后曾任中国科学院学部委员。此书广征博采诸子及史籍，将其中各种引证与诠释《老子》文句的资料列于相应原句之下。传世典籍中征引《老子》文句的材料，此书几乎搜罗殆尽。初学者可借此深入了解《老子》文意，研究者也可省却翻检查找资料之劳，对今人确切理解《老子》文句的古义及其思想内涵很有帮助。

四、高亨《老子注译》

这里参考的是清华大学出版社 2010 年版。高亨先生是 20 世纪著名的文史学者，毕业于清华大学国学院，师从梁启超、王国维等学术大师。本书是高亨先生继《老子正诂》之后对《老子》一书的再一次阐释，对《老子》八十一章进行了注译，准确简明，很便于初学者阅读。书前所载《关于老子的几个问题》，就老子生平与《老子》成书等问题提出了许多重要见解。总体而言，此书很好地兼顾了学术性和通俗性，是一部比较优秀的《老子》读本。

五、陈鼓应《老子注译及评介》(修订增补本)

这里参考的是中华书局 2009 年版。陈鼓应先生为当代道家研究的文化名家，此书自 20 世纪出版以来，不断结合新出简帛文献加以修订，注释精当，译文流畅，并对《老子》文本的相关情况和老子的思想体系进行了系统梳理，被公认为当代《老子》研究的最佳注译本。

六、刘笑敢《老子古今：五种对勘与析评引论》

这里参考的是中国社会科学出版社 2006 年版。刘笑敢先生师从我国著名哲学家张岱年，是当代哲学与文化领域的著名学者。本书将《老子》竹简本、帛书本、傅奕本、河上公本、王弼本按八十一章顺序逐句对照排列，并从字词、修辞等方面分析《老子》文本两千多年来的演变规律。此外还对《老子》中天道、人道等概念命题的意义进行了阐发，并与霍布斯等西方思想家的学说进行了对比研究。

思考题

1. 老子之后，先秦道家经历了怎样的发展历程？其思想要旨与《道德经》有何异同？

2. 魏晋玄学家如何对《道德经》思想进行阐发？

3. 本章所列举的《道德经》与道家文化相关原始资料，其可信度如何？并谈谈判断依据。

第三章　《道德经》分章导读

分章导读凡例

一、《道德经》原文采用通行的王弼本为底本，同时参考河上公本、傅奕本等传世古本以及马王堆汉墓帛书本（简称"汉帛书本"，甲本、乙本分别称为"汉帛书甲本""汉帛书乙本"）、郭店楚简本、北京大学藏西汉竹书本（简称"北大汉简本"）等出土简帛古本进行文字校改，形成定本。

二、"校注"部分包括文字校勘与注释。文字校勘主要侧重于文意理解的关键字词，语气虚词之类无关文意者不做过多涉及，以避免行文烦琐；出土简帛本的释文所用之字为字书所无或罕见者，多以通用字代替；注释中适当吸收学术界的最新研究成果，以脚注的形式注明出处。

三、译文以定本文字为准进行翻译，综合各家译文之优长，以表述晓畅易懂为准则；译文尽量采用直译，个别文句若是直译无法精确表达原文意思，则采用意译。

四、每章后的"导读"部分，是对此章总体内容的概括总结，包含对此章蕴含哲理的阐释、对古今社会活动的指导意义等；其中也尽量吸收学术界已有的研究成果，以脚注的形式注明出处。

第一节 《道德经》一至九章导读

一 章

【原文】

道可道，非常道[1]；名可名，非常名[2]。无名，天地之始；有名，万物之母。[3]故常无欲，以观其妙；常有欲，以观其徼[4]。此两者同出而异名[5]，同谓之玄[6]，玄之又玄，众妙之门[7]。

【校注】

[1]道可道，非常道：第一个"道"是名词，指道理；第二个"道"是动词，意为言说；第三个"道"，是老子哲学中的专有名词，在本章中指构成宇宙的本体与动力。常，恒久。汉帛书本"常"作"恒"，是西汉抄写者为避讳汉文帝刘恒之名而换用了一个同义字。恒，永恒。

[2]名可名，非常名：第一个"名"是名词，指具体事物的名称；第二个"名"是动词，指命名；第三个"名"是称道之名。王弼注云："可道之道，可名之名，指事造形，非其常也。故不可道，不可名也。"

[3]这几句话历来有两种句读：第一种，"无名，天地之始；有名，万物之母。"第二种，"无，名天地之始；有，名万物之母。"高亨认同第二种读法，释"无"为道，释"有"为天地。王弼则用"无名""有名"作解，王弼注云："凡有皆始于无，故未形无名之时，则为万物之始。及其有形有名之时，则长之、育之、亭之、毒之，为其母也。"两种句读皆可在《老子》中找到论证，第一种如四十章"天下万物生于有，有生于无"。第二种如三十二章"道常无名"。两说皆可通。近年北大汉简本《老子》的发现，为我们提供了新的线索。北大汉简本原文作："道可道，非恒道殹；名可命，非恒名也。无名，万物之始也；有名，万物之母也。"其可贵之处在于，动词用法的"名可名"的第二个"名"字作"命"，而名

词用法的"非常名"之"名"和"名可名"的第一个"名"字作"名"。也就是说，北大汉简本中名词用法的"名"跟动词用法的"名"使用不同的字表示。"无名，天地之始；有名，万物之母"中的"名"北大汉简本都作"名"，说明这两个"名"字都用作名词，王弼的句读是正确的。①

[4]徼(jiào)，边界，界线，引申指事物之间的差别。"故常无欲，以观其妙；常有欲，以观其徼"，王弼如此句读，以"无欲""有欲"作解。王弼注云："故常无欲空虚，可以观其始物之妙……故常有欲，可以观其终物之徼也。"还有一种句读："故常无，欲以观其妙；常有，欲以观其徼。"高亨从此说，认为"常无"指道永远无形体，"常有"指天地永远有形体。其依据是《庄子·天下》中的"建之以常无有"。汉帛书乙本在两个"欲"字下都有语气词"也"，表示停顿，说明王弼的句读当是正确的。"故常无欲，以观其妙；常有欲，以观其徼"，天地之间万事万物，若将它们混同在一起作为一个整体，不从主观意识上对它们加以区分辨别，就可以察看它们的微妙之处，古人所谓"一切即一"；若对它们有意识地进行区分辨别，就可以观察它们之间的差别，从而更为深刻地把握事物本质，古人所谓"一即一切"。

[5]两者，指无和有。同出，同出于道。"此两者同出而异名"，汉帛书本作"两者同出，异名同谓"。

[6]玄，玄妙，深奥。苏辙《老子解》云："凡远而无所至极者，其色必玄，故老子常以玄寄极也。"

[7]众妙之门，一切奥妙的门径，即指"道"而言。

【译文】

可以言说的道，就不是永恒存在的道；可以言说的名，就不是永恒存在的名。没有名称来称呼，是天地宇宙初始之时（混同为一）的状态；有名称来称呼，是万事万物起源之时（各有差别）的状态。所以，将天地间的万事万物不加区分辨别混同为一个整体，就可以察看它们的微妙之处；对万事万物有意识地

---

① 刘洪涛：《北大藏西汉〈老子〉简识小》，载《中国语文》，2011(5)。

进行区分辨别，就可以观察它们之间的差别界线。无、有两者同出于一源而名称各异，它们都可以称为玄妙；玄妙又玄妙，是通往一切奥妙的门径。

【导读】

本章为老子的道论。《道德经》分《道经》和《德经》两部分，此章为《道经》之首，并开宗明义，提出了"道"的概念。今本《道经》在前，《德经》在后；汉帛书甲、乙本及北大汉简本则《德经》在前，《道经》在后。但就此章内容而言，足以为一书之纲领。

老子的思想以"道"为核心。道是形而上的实存之道，是不可言说、无法表达的。所谓"大道不称"，只可意会不可言传。如同《庄子·大宗师》中的体道者，"相视而笑""莫逆于心"，亦如禅宗"拈花一笑"。老子勉强为其命名曰"道"，可参二十五章："有物混成，先天地生。寂兮寥兮，独立而不改，周行而不殆，可以为天下母。吾不知其名，字之曰道，强为之名曰大。"

"道"是老子哲学的最高范畴，在《道德经》中有以下几种含义：第一种，构成宇宙的本原；第二种，创造天地万物的动力；第三种，促使万物运动的规律；第四种，人类行为的准则。本章所谓的"道"是天地万事万物的本原。

"无名，天地之始；有名，万物之母"，说的是形而上的"道"产生天地万事万物的运动过程。在老子哲学中，"有"和"无"是一对很重要的概念，老子以"无"和"有"来指称"道"。所谓的"无"并不等同于零（什么都没有），而是一种实际存在却"视之不见""听之不闻"的幽隐的"道"。"有"与"无"同出于"道"，而"道"为天地万物的本原。同时，在老子哲学中，"名"也是一个很重要的概念，"吾不知其名，字之曰道"（二十五章）。作为世界本原的"天地之始"是"无名"的，无法称说，无法形容，只能勉强用"道"来称说形容，所谓"道常无名"（三十二章）。而当"道"产生天地万事万物，事物各生分别，各自"有名"，"朴散则为器"（二十八章）之后，"道"仍然蕴藏在已经千差万别的天地万事万物之中，产生积极的指导作用。活动在天地之间，只能求"道"以顺"道"，而不能违反"道"。也即今天所说的，人类的行为活动只能顺应规律，不能违背规律。

二 章

【原文】

天下皆知美之为美，斯恶已[1]；皆知善之为善，斯不善已。故有无相生[2]，难易相成，长短相形[3]，高下相倾[4]，音声相和[5]，前后相随[6]。是以圣人处无为之事[7]，行不言之教[8]。万物作焉而不辞[9]，生而不有，为而不恃[10]，功成而弗居[11]。夫唯弗居，是以不去。

【校注】

[1]恶，丑。吴澄认为，美恶之名，相因而有。

[2]故有无相生，有、无是就现象界事物的存在或不存在而言的。郭店楚简本及汉帛书本无"故"字。

[3]形，王弼本作"较"，河上公本、傅奕本作"形"；汉帛书本作"刑"，"刑"与"形"音近假借，古通用。高亨认为"较"字误，因"形"与"生""成""倾"押耕部韵，其说是。

[4]倾，汉帛书本作"盈"，"倾"与"盈"古音近通用；郭店楚简本作"涅"，亦与"盈"古音近可通。万事万物高低对立，此高才显出彼低，彼低才显出此高。

[5]音声相和，声音的长短、强弱、清浊，都是彼此对立，相互应和的，无此则无彼。

[6]前后相随，此句下，汉帛书甲、乙本均有"恒也"二字，乃总结以上六句之辞，指美与恶、善与不善、有与无、难与易、长与短、高与下、音与声、前与后等矛盾是永恒存在的，即矛盾无处不在，无时不有，是世间万事万物永恒的运动变化规律。

[7]圣人，有道的人。无为，不妄为，不加干扰，即自然而然。王弼注云："自然已足，为则败也。"

[8]言，政教法令。不言之教，不用政教法令，而为潜移默化的引导。

[9]作，起也。万物作焉而不辞，傅奕本作"万物作而不为始"；不辞，不加干涉，顺其自然。

[10]有，占有。恃，持有。王弼注云："智慧自备，为则伪也。"郭店楚简本、汉帛书本皆无"生而不有"句。

[11]功成而弗居，王弼注云："因物而用，功自彼成，故不居也。"郭店楚简本无"功"字，陈鼓应认为郭店楚简本四字成句，上下文对称，优于各本。

【译文】

天下人都知道美之所以为美，那么丑的观念就会随之产生；都知道善之所以为善，那么不善的观念就会随之出现。所以，有和无对立相生，难和易对立相成，长和短互相对立展现，高和下互相对立呈现，音和声相互对立应和，前和后彼此相互跟随。因此，圣人以无为的方式处理世事，推行不用政教法令的教化。万物兴起，圣人不加干涉，顺其自然；万物各自生息，圣人不占为己有；万物各自化育，各有所为，圣人顺应其道而不恃己能；功业成就而不自居其功。因为不以有功自居，所以他的功绩才不会泯没。

【导读】

人们过分称赞某种品德，便说明社会缺乏这样的品德。美和恶相互对立才使得彼此凸显；善与不善相互对立，相应显现。美与丑、善与恶，正是在这样相互对立的矛盾关系中产生的。有无、难易、长短、高下、前后，皆是相互对立的存在，彼此相互依赖，又相互转化，其中包含了朴素的辩证法思想。

一切概念、价值都是人为规定的，其中必然充满个人的主观意识。由于每个人的依据和判断不同，因此引发了许多无休止的争辩。比如，儒家重视礼乐教化，墨家主张节葬非乐；儒家宪章文武，墨家效法大禹。正如《庄子·齐物论》所言"故有儒墨之是非，以是其所非而非其所是"。他们对于互为彼此的万事万物，执着于彼此的分别。而有道的"圣人"则超越主观执着，"处无为之事，行不言之教"，无为就是不妄为，一切顺其自然，不把自己的意志强加于人和物。庄子所谓"莫若以明"及"是以圣人不由，而照之于天"，均与此相通。因顺自然发展规律，春生，夏长，秋收，冬藏，循环往复，万物欣然兴作，各呈己态，任凭其生命开展出丰富的内涵。老子认同在遵循自然的前提下积极发挥人的主观能动性，"生而不有，为而不恃，功成而弗居"。老子并非否定"有为"和"功成"，而是强调顺"道"前提下的"有为"，同时也强调功成后不可自恃、自居，这便是"玄德"，即最高深的"德"，如十章所谓"生而不有，为而不恃，长而不宰，是谓玄德"，五十一、七十七章也有类似论述。

圣人是道家最高境界的理想人物。儒家也推崇圣人，但其人格形态不同于道家。道家偏重体道，强调圣人依自然无为的原则处世；儒家的圣人则是典范化的道德人。儒、道两家虽对春秋时代的弊病开出了不同的药方，但其实现都需通过统治者来完成。儒家的圣人，如上古帝王尧、舜，皆为有权有位并可安民济众的人；道家的圣人则是身居高位的体道之人。其实，老子对圣人的认知，也影响了儒家。《论语》中有不少记载可以证明。例如，"子曰：'无为而治者，其舜也与？夫何为哉？恭己正南面而已矣。'"（《论语·卫灵公》）这里所谓的"无为而治"，便是道家思想的直接体现。又如"子曰：'巍巍乎，舜、禹之有天下也而不与焉！'"（《论语·泰伯》）这种思想更类似于老子本章"生而不有，为而不恃"的主张。再如"子曰：'大哉！尧之为君也！巍巍乎！唯天为大，唯尧则之。'"（《论语·泰伯》）由此亦可看到老子"以天为则"思想的痕迹。

本章对现实生活亦有不少启发。第一，用辩证的思想看待生活。《淮南子》记载的"塞翁失马"的故事，便展现了"祸兮福所倚，福兮祸所伏"的道理。所以，我们要用发展的眼光辩证地看问题。身处逆境时，不要意志消沉，要懂得否极泰来，以乐观的心态面对；身处顺境时，不应过分沉迷，要有"生于忧患，死于安乐"的防患于未然的意识。第二，教育中要注意言传身教。孔子提倡"不言之教"，他曾感叹："天何言哉？四时行焉，百物生焉。天何言哉？"（《论语·阳货》）此一如道家之"道"养育万物而不加干涉的品格。在充满浮躁气息的现代社会中，无论是父母还是教师，都应通过身体力行为孩子、学生树立榜样，通过不言之教将优秀的品德传承下去。

三 章

【原文】

不尚贤，使民不争[1]；不贵难得之货，使民不为盗[2]；不见可欲，使民心不乱[3]。是以圣人之治，虚其心[4]，实其腹，弱其志[5]，强其骨；常使民无知无欲[6]；使夫智者不敢为也[7]。为无为[8]，则无不治。

【校注】

[1]尚贤，尊尚贤才。不争，不争夺功名。

[2]贵，意动用法，以……为珍贵。难得之货，指珠玉宝器等。盗，盗贼，盗窃。

[3]见，通"现"，显现之意。可欲，可以挑动人欲望的事物，如色、声、香、味等。使民心不乱，汉帛书本"民"下无"心"字。

[4]虚其心，使民众的心灵空虚。陈荣捷认为，"虚"意指心灵宁静与清净之极致，没有忧虑与私欲。

[5]弱其志，使民众的意志柔弱。

[6]无知无欲，没有伪诈的心智，没有争夺盗窃的欲念。王弼注云，"守其真也"，即保持心灵的纯真质朴。

[7]智者不敢为也，有才智的人不敢做争夺、盗窃等事。王弼注云："智者，谓知为也。"此句及下句，敦煌甲本作"使知者不敢，不为，则无不治"，汉帛书乙本作"使夫知不敢，弗为而已，则无不治矣"。

[8]为无为，以顺应自然的态度处理事务。

【译文】

不崇尚贤者，使民众不争夺功名；不珍贵难得的财货，使民众不为窃盗；不显现会引起私欲邪念的事物，使民众内心安宁，不起波澜。因此圣人治理政事，要使人们的心灵空虚，生活安饱，意志柔弱，筋骨强健；常使民众没有伪诈的心智，没有争夺盗窃的欲念；使一些有才智的人不敢肆意妄为。依据顺应自然的原则处理事务，天下万事万物就都可以治理好了。

【导读】

此章是老子的政治论，主要针对统治者提出。如何抑制或消除社会纷争，以及维持社会秩序，是老子哲学关注的一个重要问题。名、利等价值形态会引发各种欲求，从而构成纷争之源。尚贤，则争名；贵货，则夺利。纷争归根到底是人之欲求不满，若将引起欲望的事物消除，过度的欲望便随之消解。当"贤者"不再被人们崇尚，"难得之货"不再被视为珍宝，所有功利的追求也便失去了意义。因此，统治者不应宣扬、炫耀能够挑起人们欲望的事物，如郑卫之音、隋珠和璧等，这样人心就不会迷乱，便可由"寡欲"而至"无欲"。争名夺利、伪诈盗窃皆因心受外物牵引所致，所以统治者要使人们饮食温饱，体魄强健，无知无欲，从而心志自然宁静，复归于淳朴本真。这就要求人们有一种克服"知"与"欲"的功夫，也可称为"为道日损，损之又损，以至于无为"。最后，老子提出要"为无为"。"无为"并非无所作为，而是要求统治者顺应自然，不过分干涉民众生活，使其自然发展。

有人认为本章说明老子主张愚民政策，实是曲解。比如，"常使民无知无欲"句，并非否定人的自然本能，使人们愚昧无知以便统治者驱使，而是要消除伪诈和贪欲，使人们恢复本真状态。事实上也是提倡上行下效，统治者自身修德，推之于民众，使民众无知无欲回归于德。即十章所谓"爱民治国，能无为乎"，以及五十七章所谓"我无欲而民自朴"。

在政治论上，老子与儒家不同之处在于，老子不尚贤，这并非老子为反对儒家而作，而是老子对待周文化的态度与儒家相反。陈鼓应认为，春秋时期，自从齐国任用管仲、鲍叔牙，晋文公倡导"明贤良"以来，"尚贤"就成为一种风气，但其所尚只是"贵族之贤"，仍然局限在宗法贵族的层面上。面对礼乐制度的消极弊端，老子提出了不尚贤的主张。

《史记·货殖列传》说："天下熙熙，皆为利来；天下攘攘，皆为利往。"文明的演进常常会带来一些负面影响，特别是如今商品经济的发展，容易导致社会上出现物欲横流的状态。通过本章的阅读，我们可以提炼出一些修养方法，如清心寡欲、复归纯真质朴。但对欲望本身，我们需辩证看待。老子趋向于回到前文明时代，不可避免地会在消除欲求的同时抑制人价值创造的内在动力。今天，我们可以通过法律、道德规范人们对于欲望的无序追求。儒家所倡导的"礼"便以制约人的欲求为历史功能。例如，《荀子·礼论》便明确指出："使欲必不穷乎物，物必不屈于欲，两者相持而长，是礼之所起也。"

本章可与十二章参看，"五色令人目盲，五音令人耳聋，五味令人口爽，驰骋畋猎令人心发狂，难得之货令人行妨。是以圣人为腹不为目，故去彼取此。"

四　章

【原文】

道冲而用之或不盈[1]。渊兮似万物之宗[2]。挫其锐，解其纷，和其光，同其尘[3]。湛兮似或存[4]，吾不知谁之子，象帝之先[5]。

【校注】

[1]冲，傅奕本作"盅"。《说文》："盅，器虚也。"引申为虚。四十五章："大盈若冲，其用不穷。"与此意相近。或不盈，汉帛书本及北大汉简本均作"有（又）弗盈"。不盈，不满，不穷。

[2]渊，深也。宗，主，尊崇之意。

[3]挫其锐，解其纷，和其光，同其尘：不露锋芒，消解纷争，与日月齐光，与万物同尘。马叙伦《老子校诂》中认为，此四句又见五十六章，疑是错简置于此处，因而一些著本删去了这四句。但汉帛书本及北大汉简本均有此四句。《老子》书中多有此种重复状况，往往是进一步阐释其观点，只要前后意义连贯，不宜删去。此四句置于此处，正可以对道的性质做进一步说明，而后作者才会产生"湛兮似或存"的说法，前后意义相承。此四句当非错简误置。

[4]湛，深沉，形容"道"的隐而未形。

[5]象，似也。王弼注："帝，天帝也。"先，祖先。老子并不否认至上的天帝的存在，但他所谓的"天帝"是宇宙本体所产生的物，而不是宇宙的创造者。

【译文】

道体是虚无的，然而它的作用却无穷无尽。深邃而博大啊，犹如万物的本原。它不露锋芒，消解纷争，与日月齐光，与万物同尘。它是那样深不可测，似亡而又实存。我不知道它是从哪里产生的，似乎是天帝的祖先。

【导读】

此章是老子的宇宙论。他指出"道"（宇宙本体）的三个特点：第一，没有形体，而确实存在；第二，它生养宇宙万类，而万类用之不尽；第三，它既是万物的祖先，又是上帝的祖先。① 道体是虚无的，但这所谓的虚无并非一无所有，它含藏着无尽的创造因子，因而它的作用是无边无尽、永不穷竭的。这个虚无的道体，是万物的根源。在这里，老子打破了神造之说。

老子的思想具有超前性。老子所谓的"道"虽然空虚无形，然而作用无穷。他提出的"道"，已经否定了夏、商以来传统观念上的"天命观"。在老子所处的时代，人们仍然以为"万物有灵"。商人"尊天事鬼"，《礼记》中有"殷民尊神，率民以事神，先鬼而后礼"的记载。西周取代殷商的统治，也以"天命"的转移来做解释。而本章中老子提出了作为宇宙本原的"道"，它虽然是虚空的，但其作用却无穷无尽，"似万物之宗"，且"象帝之先"，这是石破天惊的理论。从这里我们看到，老子的思想实乏宗教色彩，他所提出的"道"，是一种客观存在，自然无为。《道德经》一书很少提到"帝"，此处提到的"帝"，是由"道"产生的。书中多次提到"天""天道"，"天"也由"道"产生，道生天地。至于"天道"，老子明确提出"人法地，地法天，天法道，道法自然"，所以这个"天道"也并非有意志的天产生出来的。《道德经》书中也提到鬼神，如"谷神"，但"谷神"不过是"道"的又一名称。三十九章也提到神，"神得一以灵"，"神无以灵将恐歇"，但

① 高亨：《老子注译》，22页，北京，清华大学出版社，2010。

这里的神，只是万物的一种，而且是得"道"才会有灵气。六十章也谈及鬼神，其中提到的"鬼"，是作为民间作祟于人的害物出现的。老子认为鬼神并不可怕，他说："以道莅天下，其鬼不神。非其鬼不神，其神不伤人。"（六十章）只要以"道"来治理天下，有害的鬼物就不能作害于人。由此，我们可以清楚地看出老子思想的超前性。

从个人的修养来讲，无论是炼气还是养神，都要冲虚自然，不盈不满，来而不拒，去而不留，除故纳新，流存无碍而不滞。凡是有太过尖锐、呆滞不化的心念，便须顿挫使之平息。炼气修息，炼神养心，也都要如此。倘有纷纭扰乱、纠缠不清的思念，也必须解脱。至于气息与精神，须保养不拘，任其冲而不盈。如此存养纯熟，便可和光同尘，与世俗同流而不合污，自掩光华，混迹尘境。但是此心此身，始终是"冲而用之或不盈"，澄澄湛湛，周旋于尘境有无之间。虽是澄澄湛湛，又须若存若亡，不可执着。我即非我，谁亦非谁，只是应物无方，不留去来的痕迹，所谓"先天而弗违，后天而奉天时"，如此而已。

本章讲"道"之体而兼论其用。道的存在状态是虚的，如同庄子所说"唯道集虚"，道可集于空明的清虚之气中，虚而待物，便没有了坚持和偏见，便可将万物通为一体。"道冲而用之或不盈"，不盈满，就意味着道永远不会穷尽，即道的无限性。"渊兮似万物之宗"，道玄远而深邃，为万物之宗，万物皆为道所统摄。"挫其锐，解其纷，和其光，同其尘"四句，陈鼓应先生据谭献、马叙伦等说认为是错简："这四句疑是五十六章错简重出，因上句'渊兮似万物之宗'与下句'湛兮似或存'正相对文。"①但马王堆帛书甲、乙本均有此四句，所以高明先生认为此四句并非错简。道不露锋芒，消解纷争，与日月齐光，与万物同尘。如庄子主张以道观物，万物融而为一，进入齐是非、泯物我、同生死的玄冥之境。"湛兮似或存"，道于万物是无形无象的，好似存在，却不能为人的感官所感知。"吾不知谁之子，象帝之先"，道是本原的、初始的，在万物之先，在帝之先。

---

① 陈鼓应：《老子注译及评介》（修订增补本），71～72 页，北京，中华书局，2009。

五　章

【原文】

天地不仁[1]，以万物为刍狗[2]；圣人不仁[3]，以百姓为刍狗。天地之间，其犹橐龠乎[4]？虚而不屈[5]，动而愈出[6]。多言数穷[7]，不如守中[8]。

【校注】

[1]天地不仁，天地无所偏爱。意指天地只是个物理的、自然的存在，并不具有人类般的感情；万物在天地间仅依循自然的法则运行着，并不像有神论所想象的，以为天地自然法则对某物有所爱顾（或对某物有所嫌弃），其实这只是人类感情的投射作用。王弼注："天地任自然，无为无造，万物自相治理，故不仁也。仁者，必造立施化，有恩有为。"仁，指儒家所谓仁，指有心的私爱。

[2]刍（chú）狗，用草扎成的狗，叫作刍狗。古人用来祭神，扎成后用匣子装着，用花布盖上。祭祀时，由祭者恭敬地把它摆在神前，祭完后，就扔掉，人们要用脚踩它，把它烧掉（见《庄子·天运》）。老子用这个比喻，取义在于人对于刍狗没有爱憎，刍狗是由于客观条件的变化而受到尊重或遭到抛弃。①刍，草。

[3]圣人不仁：圣人无所偏爱。意指圣人取法于天地之纯任自然。王弼说："圣人与天地合其德。"

[4]橐（tuó），原指盛物的袋子，此指一种冶铁时用来鼓风的装置。龠（yuè），原指古管乐器，此指竹吹管。橐龠，风箱。

[5]不屈，不竭。皮囊中空，似无物可用；而风从中出，源源不断，又似用之不竭。

[6]动而愈出，橐龠发动，风随之起，橐龠愈动而风愈出。

---

① 高亨：《老子注译》，23页，北京，清华大学出版社，2010。

[7]陈鼓应认为："多言数穷：政令烦苛，加速败亡。'言'，意指声教法令。'多言'，意指政令烦多。'数'，通'速'。"多言，汉帛书本及北大汉简本均作"多闻"。

[8]中，读为冲，虚也，乃借为盅。《说文》："盅，器虚也。"守盅，持守中虚。

【译文】

天地对于万物没有偏爱，同等地听任万物由于季节环境等条件的变化而生长、死亡，自生自灭。圣人对于百姓没有偏爱，任凭百姓由于年龄体质、生活顺逆等条件的变化而生长、死亡，自生自灭。天地之间，就像个风箱，是空虚的，然而没有穷尽，一动，风云雷电雨雪就出来了；动得越多，出来得就越多。政令烦苛反而加速败亡，不如持守虚静。

【导读】

此章有驳论之意。盖时人多论圣人当于百姓有仁爱之心，老子驳正之，以为天地对万物无所谓仁爱，圣人应效法天地，保持中虚，而无所存心。先言天地，后言人事，正是《道德经》论说的一个常例。

本章表面上写的是"天地""圣人"，其实所说的依然是"道"，是对"道"的进一步阐述。"天地""圣人"都是道的体现者，因而"天地不仁""圣人不仁"其实也就是道的不仁。由于"不仁"是相对于"仁"而言的，所以一般人很容易做贬义的理解。"天地不仁"之"仁"，作动词，为私爱之意。《礼记·中庸》云："仁者人也，亲亲为大。"《孟子·尽心上》云："亲亲，仁也。""天地不仁"即天地无所私爱。其说盖为《尚书》中天德关系的进一步发展。《左传·僖公五年》引《周书》云"皇天无亲，惟德是辅"，是对《尚书》中天德关系很好的总结。《尚书》中的天与德紧密相关，天唯德是从，谁有德，天就站在谁的一边。老子的意思与此有相似之处，在老子看来，天地间的一切事物，只是依照自身的发展规律以及其内在原因而生长运动。天道自然，无所私爱，不会因为你祭祀就优待你，也不会因为你不祭祀而伤害你。合于天道则长久，不合于天道则灭亡。

"刍狗"指用草扎成的狗,用以祭祀求神,用完即被抛弃践踏,或者被用来烧火。人以刍狗做敬神之物,似爱之也;而随意抛弃,又似无爱。实际上,人对刍狗用之而已,无所谓爱或不爱。天地之于万物好比人之于刍狗,生长万物,欣欣向荣时,似爱之;摧折损毁,萧条破败时,又似无爱。其实,天地之于万物,本无所谓仁与不仁。圣人体天道,于百姓无所私爱,一任自然。

天地之间是一个虚空的状态。虽然是"虚"的,但它的作用是不穷竭的,这和四章的说法一样,这个"动"(在虚空中的"动")便成为产生万物的根源了。可见老子所说的"虚"不是个消极的概念,而是个积极的概念。

"天地不仁"和天地虚空都是老子"无为"思想的引申。天地"无为"(顺任自然),万物反而能够生化不竭。"无为"的反面是强作妄为。政令烦苛("多言"),将导致败亡的后果。这是老子对于扰民之政所提出的警告。

"守中"即守其空虚无为之意,如同《庄子》讲"养中",马王堆帛书《黄帝四经》讲"平衡"。老子的中道与儒家的中庸不同,中庸指不偏不倚,老子的中则是指虚静的无为之道。

六 章

【原文】

谷神不死[1],是谓玄牝[2],玄牝之门[3],是谓天地根[4]。緜緜若存[5],用之不勤[6]。

【校注】

[1]河上公注:"谷,养也。"高亨认为:"谷"当读为"穀"。《尔雅·释诂》:"穀,生也。"《广雅·释诂》:"穀,养也。"道能生养天地与万物,而没有形体,神妙难识,所以老子称道为谷神。此神字不是有人格的天神。①

[2]玄,古语称形而上为玄,又谓微妙难知为玄。牝,母体。

---

① 高亨:《老子注译》,24页,北京,清华大学出版社,2010。

[3]玄牝之门，比喻天地自此出。

[4]天地根，比喻天地自此生。

[5]縣縣(mián)，高亨认为，犹冥冥，不可见的形容词。① 或解释为微弱之貌。

[6]勤，汉帛书甲、乙两本均作"堇"。《淮南子·原道》高诱注："勤，尽也。"

【译文】

道（宇宙本体）这个生养天地万物的神物，是永恒存在而不死的，叫作微妙难知的（形而上的）母体。这个微妙难知的（形而上的）母体的门户，叫作天地的根源。它渺渺茫茫，若存若亡，宇宙万类都在用它，（它）却永不穷尽。

【导读】

本章是老子的宇宙论。老子以"谷神"象征道，描写"道"孕育万物、生生不息的状态。《道德经》一书善用比喻，前几章已用了"橐籥"，本章又用了"谷神""玄牝"，这些简洁的文字比喻描写了形而上的实存之"道"的特点。"谷"即川谷，以其空虚而能容纳万物，在《道德经》一书中多次被提及，如十五章的"旷兮其若谷"，二十八章的"为天下谷"，三十二章的"譬道之在天下，犹川谷之于江海"，三十九章的"谷得一以盈"，四十一章的"上德若谷"，六十六章的"江海所以能为百谷王者"等，皆包含了其具有虚空、容纳万物的特性。本章还以"玄牝之门"喻道。"玄牝之门"本指雌性的生殖器，老子在这里用雌性生殖器能够养育万物来喻"道"，与一章道为万物之母的说法相呼应，非常贴切地描述了其无所不能、生养化育万物的特性。

有人以为《道德经》一书中的某些思想源于上古时期，其中甚至保留有原始社会母系氏族制度的一些思想观念和风俗，是有一定道理的。本章中以"玄牝"喻道，包含原始社会生殖崇拜的观念，表面上看似乎比较粗拙，实则十分贴

① 高亨：《老子注译》，24 页，北京，清华大学出版社，2010。

切。此种粗拙、简明并带有野蛮时代遗风之表述方法，在《道德经》一书中屡屡出现。

这反映出两方面的问题：

第一，从遣词造句的习惯上看，这反映出老子对人类因循知识的厌倦，他担心文明的习惯和知识会日益削弱人类对自然的洞察和对道的领悟。

第二，老子不愿意把道界定在某个认识范畴内。他所关注的道是宇宙、天地间的一种相互联系、相互制约、相互影响、相互作用的整体的统一关系，而不在于某部分的，或某种性质的界定或划分。因此，他的道具有不同于众的描述方式和认识角度。①

"緜緜若存，用之不勤"两句，与上一章"虚而不屈，动而愈出"文义相近，指道生养化育万物而生生不息，也集中体现了《道德经》的"尚柔"思想。二十三章："故飘风不终朝，骤雨不终日。孰为此者？天地。天地尚不能久，而况于人乎？"思想旨趣亦与此相通。

七 章

【原文】

天长地久。天地所以能长且久者，以其不自生[1]，故能长生[2]。是以圣人后其身而身先，外其身而身存。以其无私[3]，故能成其私。

【校注】

[1]不自生：自身不生长，引申为不为自己而生，不为自身谋求利益。王弼注云："自生则与物争，不自生则物归也。"

[2]生，王弼本、傅奕本、汉帛书甲乙本均作生。严可均曰："非也。"高亨认为：敦煌本与龙兴观碑皆作"久"，与首句应，是也。②

---

① 廖彬宇：《国学旨归：老子汇通》（一），83页，北京，清华大学出版社，2014。
② 高亨：《老子注译》，24页，北京，清华大学出版社，2010。

[3]高亨认为：以其无私，王弼本原作"非以其无私邪"，《经典释文》引河上公本、景龙碑、龙兴观碑均无"非""邪"二字，故应当删去。①

【译文】

天地是永久存在的。天地之所以能永久存在，是因为它生养万物而不自私以养自己，所以能够长久。因此，圣人遇到利益，把自身摆在后面，而结果自身却能占先；遇到危险，把自身安危置之度外，而结果自身却能安存。因为他无私，所以他反而成就了伟业。

【导读】

北大汉简本将六章与七章合为一章。

本章分为两部分，前半部分讲天地不自生而长生之理，后半部分讲圣人效仿天地，无私而成其私。此章和前面的一些章节有相似之处，以天道喻人道，着重阐述圣人治世应当将个人的利益置于众人之后，在危难之时，甚至应置个人生死于度外，只有这样才是真正的"无私"。为了阐述这一观点，老子从"天地"的长且久说起，天地以其"不自生"，即不为己而生，所以能够得到长久。圣人治国，应效法天地的"不自生"，做到"无私"。然而身在其位的人，机会来得最方便，往往会不由得展现一下自己的占有欲。老子理想中的治理者是能"后其身""外其身"的，他们不把自己的私欲摆在前头，不以自己的利害做优先考虑。这是一种了不起的谦退精神。

通过观察自然界的天地与社会中的圣人，老子推导概括出其中蕴含的道理：无私的人必然能得到民众的拥护与爱戴。这个道理也体现出老子朴素的辩证法思想。有人用"以其无私，故能成其私"这两句话来指责老子，认为他宣传的是吃小亏占大便宜，是一种权谋之术。这种看法其实曲解了老子的本意。本章的前提是立足于整个人类社会，要求处于统治地位的"圣人"应当有忘我的精神，以服务于社会和群众，在这一过程中"圣人"自然能够得到人们的尊重与爱

① 高亨：《老子注译》，24页，北京，清华大学出版社，2010。

戴。老子在这里的主张，说的是人类社会的运动规律，而非关乎某个人如何获取利益，更不是劝人去谋求私利。

本章的行文方式是《道德经》一书中的典型。先言天地，后言圣人，由此及彼，如同《诗经》中的比兴，又似《周易》中的取类比象。

"天长地久"，实际上肯定了由道产生的宇宙生命整体在空间与时间上的无限性。天地的长且久，是在其任运自然之化的"无为"中实现的。"以其不自生"意味着无私，是自然的、无为的。圣人，作为在位者，治理百姓理应效法天地的无私无为，要"后其身"且"外其身"，利益当前，不以自身的满足为先决条件；危难时刻，可将自身安危置之度外。如此谦让、退藏，其结果自然是"身先""身存"，得到民众的爱戴。此即相反相成的道理。另外，从整个人类社会发展，自身是小，整个人类社会的发展是大，此舍小取大，无私无畏，犹如后来孟子所谓"舍生取义"。不过，老子的论述视角，相比儒家仅限于社会伦理秩序的维护，显然更为宏阔通透。

八 章

【原文】

上善若水。水善利万物而不争，处众人之所恶[1]，故几于道[2]。居善地[3]，心善渊，与善仁[4]，言善信，正善治[5]，事善能，动善时。夫唯不争，故无尤[6]。

【校注】

[1]众人之所恶，指卑洼的地方。

[2]几，近也。

[3]善，宜。《淮南子·说林训》"布之新不如纻，纻之弊不如布，或善为新，或善为故"，高诱注："善，犹宜也。"此句言居处之所宜，在于得其地。最宜居之地是卑下之处，与上文"处众人之所恶"相对应。

[4]与，施与。汉帛书乙本作"与善人"，甲本作"予善信"。高亨认为："老

子反对儒家所谓'仁'，王本误。朱谦之《老子校释》引王羲之本作'人'，傅奕本同。仁与人，古字通。作'人'字是。"

　　[5]正，读为政。

　　[6]尤，过失。

【译文】

　　上等善人像水一样。水善于利万物而不争，处在众人所憎恶的卑洼地方，所以近似大道。上等善人善于选择地位居位（甘处卑下），心胸善于像深不可测的渊，施与常与善人。（另解：施与人善于像大公无私的天。）说话善于有信，政令善于治国，做事善于利用才能，行动善于抓住时机。正因为他不争，所以没有过失。

【导读】

　　本章是老子的人生论。老子用水性来比喻上德者的人格。上善之人，应当像水一样，处众人之所恶，有利于万物而不与物相争。在老子看来，水处下、柔弱的品格接近于道。人之德就如水之德。只要具有这种品格，人就能在各种不同的情况下把事情处理好。

　　先秦时期被称为中国美学史的"比德"时期。所谓比德，就是对自然界中某些事物的某一方面的属性进行抽象化、人格化与伦理化，举凡山水、草木、鸟兽、金玉等，均可成为"比德"的对象。非徒老子以水比德，儒家亦以水为上善之物。《论语·雍也》有论曰："知者乐水。"又《论语·子罕》云："子在川上曰：'逝者如斯夫，不舍昼夜'。"《荀子·宥坐》云："孔子观于东流之水。子贡问于孔子曰：'君子之所以见大水必观焉者，是何？'孔子曰：'夫水，遍与诸生而无为也，似德；其流也，埤下，裾拘必循其理，似义；其洸洸乎不淈尽，似道；若有决行之，其应佚若声响，其赴百仞之谷不惧，似勇；主量必平，似法；盈不求概，似正；淖约微达，似察；以出以入，以就鲜絜，似善化；其万折也必东，似志。是故见大水必观焉'。"

　　高亨先生总结老子所谓的上等善人，有九个优点：第一，能利万物；第二，大公无私；第三，甘处卑下；第四，不与人争；第五，心胸深远；第六，言而有信；第七，应时而动；第八，执政则善于治国；第九，有办事才能。

九　章

【原文】

持而盈之[1]，不如其已[2]。揣而梲之[3]，不可长保。金玉满堂[4]，莫之能守。富贵而骄，自遗其咎[5]。功遂身退[6]，天之道。

【校注】

[1]马叙伦说："持，借为庤。《说文》曰：'庤，储置屋下也。'即储蓄积累。"①

[2]已，止也。

[3]揣，汉帛书乙本作掜（甲本缺）。孙诒让说："揣当读为捶。《说文》：'揣，捶之。'揣与捶声转字通也。"高亨认为：揣疑借为段，乃古锻字。揣、段古音同。掜即段字。梲借为锐，锋利。②

[4]满堂，陈剑据郭店楚简本、汉帛书甲乙本、北大汉简本改为"盈室"。陈剑认为："古人房屋内部隔开，前叫堂，堂后又以墙隔开，西侧叫室。古堂前无壁，不可守金玉，当作'盈室'。"

[5]遗，致也。咎，灾祸。

[6]遂，《礼记·月令》郑玄注："遂，成也。"此句指春夏秋冬都是在完成任务后退去。

【译文】

积蓄财物，使它盈满，不如罢休。捶炼金属，使它尖锐，不可长久保持，

---

① 高亨：《老子注译》，26 页，北京，清华大学出版社，2010。
② 高亨：《老子注译》，26 页，北京，清华大学出版社，2010。

必受挫折。金玉满堂，都不能守住。富贵而骄傲，是自己招致灾祸。功业已成，自身退下，这是自然的规律。

【导读】

名利当头，一般人没有不心醉的，没有不趋之若鹜的。老子在这里指出了知进而不知退、善争而不善让的祸害，告诫人们要适可而止。

本章善于从反面提出问题，阐述物极必反的道理。贪位慕禄的人，往往得寸进尺；恃才傲物的人，总是耀人眼目。富贵而骄，常常自取祸患。就像李斯，当他为秦相时，真是集富贵功名于一身，显赫不可一世，然而终不免做阶下之囚。临刑时，李斯对他的儿子说："吾欲与若复牵黄犬，俱出上蔡东门，逐狡兔，岂可得乎？"庄子最能道出贪慕功名富贵的后果。当楚国的国君要聘请他为相的时候，他笑笑回答使者说："千金，重利；卿相，尊位也。子独不见郊祭之牲牛乎？养食之数岁，衣以文绣，以入大庙，当是之时，虽欲为孤豚，岂可得乎？"从淮阴诛戮、萧何系狱的事件看来，老子的警世之意是何等深远。

持"盈"终不免有倾覆之患，所以老子谆谆告诫人们不可盈满，要懂得适可而止、功成身退，如此才合乎天道，方可长保。

与《道德经》一书的假设读者为君主密切相关，老子的"功遂身退"，总体来说主要还是对身处高位的统治者提出的意见。"身退"并不是引身而去，更不是隐匿形迹。正如王真所说："身退者，非谓必使其避位而去也，但欲其功成而不有之耳。""身退"即敛藏，不发露。老子的思想与后代佛家所宣传的出世思想根本不同，反而与儒家所说的"天下为公"有某种相似之处。当今世界，让所有的成功人士都归隐是不可能的，也是不现实的，更是可惜的。而让每个成功人士都低调一些，无私一些，不也很好么？

本章中老子对人格及道德修养所提出的看法，究竟是对一般人提出的还是对统治者提出的其实并不重要，因为这些原则是每个人都应当遵守的。

第二节 《道德经》十至十八章导读

十　章

【原文】

　　载营魄抱一[1]，能无离乎？专气致柔[2]，能婴儿乎[3]？涤除玄览，能无疵乎[4]？爱民治国，能无为乎[5]？天门开阖，能为雌乎[6]？明白四达，能无知乎[7]？生之，畜之，生而不有，为而不恃，长而不宰，是谓玄德[8]。

【校注】

　　[1]河上公注："营魄，魂魄也。"高亨认为：营与魂是一声之转。魏源《老子本义》："营，读为魂。"一，指道。①

　　[2]专，集中而不分散。气，精气。

　　[3]婴儿，高亨认为，用作动词，成为婴儿。②

　　[4]涤除，洗刷。玄览，汉帛书甲本览作蓝，乙本作监。览、蓝均当读为监。监是古鉴字，镜也。老子称人的内心为玄监，因为心是玄妙的形而上的镜子。疵，病也，指私欲。私欲是心中的病。③

　　[5]为，王弼本作"知"，景龙碑、开元幢、古楼观碑均作"为"，文义较切。

　　[6]天门，高亨认为指人的耳、目、口、鼻，因其"是人身上天赋的自然门户，所以老子称作天门"。开阖，汉帛书本作"启阍"，北大汉简本作"启闭"。高亨认为指视、听、言、食、嗅的动作，"这些动作，有的是属于生活的享受，有的属于事物的处理"。④ 为雌，即守静。陈鼓应云："'为雌'今本误植为'无

---

　　① 高亨：《老子注译》，27页，北京，清华大学出版社，2010。
　　② 高亨：《老子注译》，27页，北京，清华大学出版社，2010。
　　③ 高亨：《老子注译》，27页，北京，清华大学出版社，2010。
　　④ 高亨：《老子注译》，27页，北京，清华大学出版社，2010。

雌'。景龙本、傅奕本及其他古本都作'为雌'。'无雌'是误写，义不可通，帛书乙本作'为雌'，当据帛书及傅本改正。"

[7]知，王弼本作"为"，景龙碑、开元幢、古楼观碑均作"知"，文意较切，① 高亨据此改。明白四达，所知很多，而自以为无知。七十一章云："知不知，上。"（知而自以为不知，是上等。）

[8]生之，畜之，生而不有，为而不恃，长而不宰，是谓玄德：汉帛书乙本作："生之，畜之，生而弗有，长而弗宰，是胃（谓）玄德"。这几句重见于五十一章，疑为五十一章错简重出。

【译文】

精神与身体合一，能够不分离吗？聚集精气而达致柔顺，能纯真得像婴儿吗？清除内心污垢，使之清澈如镜，能够做到没有瑕疵吗？爱民治国，能自然无为吗？外表感官常受刺激而开合，内心能保持守静状态吗？本来明白四达，所知很多，能够虚心地自以为无知吗？具有以上品格的道家圣人，能够生万物，养万物。万物生了，而圣人不据为己有；万物活动，而圣人不去掌握；万物长了，而圣人不做主宰；这叫作玄妙的德行。

【导读】

本章分三个部分，前面说修身，中间说治国，最后说玄德。三部分是有机整体，类似于儒家所说的修身、治国、平天下的德治。当然，儒、道两家的修身方法并不相同：儒家的修身是要追求道德的自我完善，忘我的境界，成为具有完美人格与高度道德情操的完人；而道家的修身主张是抱一、静观、玄览，精神专一，忘掉一切杂念，使人德同于天德，以这样的心胸来"爱民治国"。

本章连用六个设问句，这六个设问句所涉及的也正是有关修身治国方面的问题。前三问从自身营魄抱一、专气致柔和涤除玄览说起，而后推而及之，要

---

① 高亨：《老子注译》，27 页，北京，清华大学出版社，2010。

求在治国中做到无智、"为雌"守静和"无为而治"。修身的三个方面，是步步深入的。其一，要先做到"载营魄抱一"，这是说形体和精神合一而不偏离。"抱一"即抱守"道"，能抱守"道"，肉体生活与精神生活就可臻于和谐的状态。其二，要做到"专气致柔"，这是集气到最柔和的境地。"专气"是心境极其静定的一种状态。"婴儿""赤子"是《道德经》一书很喜欢用的比喻，又见于二十章"如婴儿之未孩"，二十八章"复归于婴儿"，五十五章"含德之厚，比于赤子"。婴儿最大的特点就是无知无欲，故老子常以其喻人心之单纯无杂念。其三，还要"涤除玄览"，进一步清除内心的污垢，使之清明如镜，没有一点瑕疵。有人把此章的内容作为自我修炼与养身的方法，自然也是可行的。

"生之，畜之，生而不有，为而不恃，长而不宰，是谓玄德"，又见于五十一章："道生之，德畜之……生而不有，为而不恃，长而不宰，是谓玄德。"两章显著的不同在于五十一章"生之""畜之"前面分别有"道""德"做主语。彼所说是道与万物的关系，此所云是君主与百姓的关系。生谓使之存活，畜谓养，百姓依赖君主，故而说"生之，畜之"。虽然君主对百姓的存在有着至关重要的作用，但是因为君主守柔处雌，自然无为，所以虽然四方受益，但是没有人感觉到君主的作用。"百姓皆谓我自然"。正是从这个意义上说，君主对百姓是"生而不有，为而不恃，长而不宰"。有学者以为这几句是错简，似不明两处之不同。

先秦儒家有修身、齐家、治国、平天下之说，此说远本于《尚书·尧典》："（尧）克明俊德，以亲九族；九族既睦，平章百姓；百姓昭明，协和万邦。"这个思路以德治为核心，由内而外，《庄子》称之为"内圣外王"。《道德经》思路与此形式不异。张默生云："本章前半段是说的治身，后半段是说的治世。"蒋锡昌《老子校诂》云："'营魄抱一'，'专气致柔'，'涤除玄览'三者，皆为圣人言治身之法；'爱民治国'，'天门开阖'，'明白四达'三者皆为圣人言治国之术，所以治身先于治国者，以治身为治国之本也。"先身后国，与儒家顺序相同。不仅如此，《道德经》同样强调"德"。《楚辞》云："审壹气之和德。"壹气即专气，与德有关。五十五章云"含德之厚，比于赤子"，则赤子婴儿也与德有关。六十五章云："故以智治国，国之贼；不以智治国，国之福。知此两者，亦稽式。

常知稽式，是谓玄德。"不以智治国，与玄德有关。二十八章云："知其雄，守其雌，为天下谿。为天下谿，常德不离，复归于婴儿。""守雌"与"常德"有关。本章以"玄德"结束，几乎句句不离"德"，以"德"为核心是非常明显的。所以，说此章体现了老子的以德治国、内圣外王之路是有充分依据的。《道德经》的德治与儒家的德治的区别，只是在德的内涵不同，三十八章极言"上德不德"，使自家德的含义迥别于儒家之德，极力强调自身"德"的特殊性，是完全可以理解的。

十一章

【原文】

三十辐共一毂[1]，当其无，有车之用[2]。埏埴以为器[3]，当其无，有器之用[4]。凿户牖以为室[5]，当其无，有室之用[6]。故有之以为利，无之以为用[7]。

【校注】

[1]辐，车的辐条。毂（gǔ），车轮中心车轴穿过的圆木。共，凑集也。

[2]当其无，有车之用：有了车毂中空的地方，才有车的作用。"无"指毂的中空之处。

[3]埏（shān）：揉。汉帛书甲本作"然"，乙本作"撚"，皆当为"撚"之通假字。《说文》："撚，蹂（揉）也。"制作陶器之前，先需将黏土加水后脚踩或手揉，使之均匀细腻，然后方可制作陶器坯子。《字林》："埴，土也，黏土曰埴。"

[4]无，指器的空处。有，指器的实体。

[5]凿户牖，当指开凿窑洞。牖（yǒu），窗也。

[6]无，指室的空处。有，指室的实体。

[7]之，犹则也（《经传释词》有此例）。利，条件。高亨认为，前文均是无与有并列，无与有是相反相成的，故二章言："有无相生。"不可相离。此二句

正是这样。薛蕙《老子集解》云："章内虽互举有无而言，顾其旨意，实所以即有而发，明无之为贵也。盖有之为利，人莫不知，而无之为用，则皆忽而不察，故老子借此数者而晓之。"高亨认为其说非。①

【译文】

三十根辐条共同支撑着车毂，那车的空间，是车的功用。揉搓黏土制成器具，那器的空间，是器的功用。开门窗、造窑洞为居室，那居室的空间，是居室的功用。因此，"有"是物体形成的条件，"无"才是物体的功用所在。

【导读】

本章的主旨是说明"有"和"无"的关系，"有"和"无"是老子辩证法中十分重要的哲学范畴。

一般人只注意到实有的作用，而忽略了空无的作用。陈鼓应将老子所举之例总结为：第一，"有"和"无"是相互依存，相互为用的；第二，无形的东西能产生很大的作用，只是不容易为一般人所察觉。老子举出"车""器""室"三个例子将"无"的作用彰显出来。

车的作用在于运货载人，器皿的作用在于盛物，室的作用在于居住。这是车、器、室给人的便利，所以说："有之以为利"。然而，如果车子没有毂辐中空的地方可以转轴，就无法行驶；器皿如果没有中间空虚的地方可以容纳，就无法盛物；室屋如果没有四壁门窗中空的地方可以出入通明，就无法居住。三者皆因其中空虚无之处而发挥作用，所以说："无之以为用"。

有学者认为，本章应当在"有"处句读，因为老子强调的是"无"的一面。这种理解可能并不符合老子的本意。因为在现实生活中，人们直接看到的是事物的实"有"，即可视的一面，而容易忽视其"无"，看不到"无"的作用，所以老子特地提醒人们要全面地看待事物，指出事物由"有""无"两方面组成，并且两者相辅相成，而不是为了对比说明"无"比"有"重要。老子的目的不仅在于引导人

① 高亨：《老子注译》，29 页，北京，清华大学出版社，2010。

们不要拘泥于现实中的具体形象，更在于说明"无"和"有"需相互依赖才能发挥作用。"有无相生，难易相成，长短相形，高下相倾"等一系列相互对立又相互依存的现象，正是事物的辩证统一，如果失去矛盾的一方，则另一方也不复存在，故两者是平等的关系，不存在哪一方更重要的问题。

本章列举三种常用之物作譬，让人恍然大悟，从而使玄妙的哲理成为人人可知可晓的常识，堪称绝妙之喻。

十二章

【原文】

五色令人目盲[1]，五音令人耳聋[2]，五味令人口爽[3]，驰骋畋猎令人心发狂[4]，难得之货令人行妨[5]。是以圣人为腹不为目[6]，故去彼取此。

【校注】

[1]五色，指青、赤、黄、白、黑，引申指能带来视觉享受的好看之物。目盲，喻眼花缭乱。

[2]五音，指宫、商、角、徵、羽，引申指能带来听觉享受的好听的声音。耳聋，喻听觉不灵。

[3]五味，指酸、苦、甘、辛、咸，引申指能带来味觉享受的好吃之物。口爽，口伤。爽，《广雅·释诂》："爽，伤也。"

[4]驰骋，马跑。畋，汉帛书甲乙本均作"田"。畋即田猎之田。高亨说："'发'字疑衍。'心狂'二字，其意已足。此文'令人目盲，令人耳聋，令人口爽，令人心狂，令人行妨'，句法一律，增一'发'字，则失其句矣。盲为目疾，聋为耳疾，狂为心疾，故古书往往并言。"

[5]难得之货令人行妨，稀世的珍品使人行为不端。王弼注云："难得之货，塞人正路，故令人行妨也。"难得之货，指不易得到的物品，泛指各种奇珍异宝。行妨，品德、品行受到伤害。妨，伤害，破坏。

[6]王弼注云："为腹者以物养己，为目者以物役己，故圣人不为目也。"

腹，正常的物质需求，以维持生命。目，代指声、色等外界的各种欲望。汉帛书本在"圣人"后多"之治也"三字，北大汉简本则与王注本同。蒋锡昌《老子校诂》云："老子以'腹'代表一种简单清静之生活，以'目'代表一种巧伪多欲，其结果竟至'目盲……耳聋……口爽……发狂……行妨'之生活。明乎此，则'为腹'即为无欲之生活，'不为目'即不为多欲之生活。"

【译文】

缤纷的色彩使人眼花缭乱，纷杂的音乐使人听觉不灵敏，盛美的佳肴使人舌不知味，纵情于跑马打猎使人心浮意狂，稀世的珍品使人行为不端。因此圣人但求安饱而不逐声色之娱，所以摒弃物欲的诱惑而保持安足的生活。

【导读】

在本章中老子指出了无限追求物欲的弊害，主张摒弃声色犬马的诱惑，过无知无欲的生活。贪婪、骄奢淫逸、纵情声色犬马，必然导致统治者走向衰亡。

东周时代，上流社会奢靡腐化之风盛行。统治者寻求官能的刺激，流逸奔竞，淫逸放荡，使心灵激扰不安。对此，孔子主张以俭行礼，墨子提倡节用节葬。熟悉社会发展历史、深知国家兴亡成败教训的老子则提出"为腹不为目"。为"腹"是维持基本生存需要，追求内在宁静恬淡的生活，正如三章所说的"虚其心，实其腹"；为"目"是追求外界声色犬马带来的感官享受，即追逐外在贪欲的生活，"不为目"则是三章所言"不见可欲，使民心不乱"。一个人越是投入外在化的漩涡里，则越是流连忘返，使自己产生自我疏离感，导致心灵日益空虚。因而老子唤醒人要摒弃物欲生活的诱惑，持守安足的生活，确保固有的天真。

本章对于当今社会依然有十分重要的警示作用。在物欲横流的世风中，不少人沉溺其中难以自拔，丧失了人之为人的灵性。重温老子两千多年前的告诫，我们当有所警醒，要懂得节制欲望，知足而不贪婪，不要为物所役，成为感官的奴隶。

十三章

【原文】

宠辱若惊[1]，贵大患若身[2]。何谓宠辱若惊？宠为下[3]，得之若惊，失之若惊，是谓宠辱若惊[4]。何谓贵大患若身？吾所以有大患者，为吾有身[5]，及吾无身，吾有何患[6]！故贵以身为天下，若可寄天下[7]；爱以身为天下，若可托天下[8]。

【校注】

[1]宠辱若惊，郭店楚简本作"悤（宠）辱若纓"，后面作"贵大患若身。可（何）胃（谓）悤（宠）辱？悤（宠）为下也，夏（得）之若纓，避（失）之若纓，是胃（谓）悤（宠）辱纓"。裘锡圭认为郭店简与今本"惊"字相当之字，当从白于蓝说释为"罃"，从文义看，此字应读为"荣"；"宠辱若荣"与"贵大患若身"的结构相同；"宠"字应从前人之说理解为动词；老子主张像常人宠荣那样宠辱，像贵身那样贵大患；"得之若荣，失之若荣"的意思是"得'为下'若得荣，失'为下'若失荣"，这两句是对"宠辱若荣"的解释。大概由于较早流传之本多用假借字表示"荣"，所以"荣"就被后人误读成了音近的"惊"，导致了对此章文义的严重误解，老子的正面主张被很多人解释成了对俗人的批判。①

[2]贵大患，高亨认为："此贵字当读为遗，留也。"②陈鼓应说："此句本是'贵身若大患'，因'身'与上句'惊'，真耕协韵，故倒其文。"贵大患若身，裘锡圭以为大患指死，贵大患若身，就是将生与死的价值同等看待。③

[3]何谓宠辱若惊，河上公本、郭店楚简本、北大汉简本皆作"何谓宠辱"，后无"若惊"二字，当是古本原貌。宠为下，郭店楚简本、汉帛书本、北大汉简本文字基本相同，河上公本作"辱为下"，注曰"辱为下贱"。高亨据唐景福碑增

---

① 裘锡圭：《"宠辱若惊"是"宠辱若荣"的误读》，载《中华文史论丛》，2013(3)。
② 高亨：《老子注译》，31页，北京，清华大学出版社，2010。
③ 裘锡圭：《"宠辱若惊"是"宠辱若荣"的误读》，载《中华文史论丛》，2013(3)。

补王弼本成"宠为上，辱为下"。李道纯曰："宠为上，辱为下"，或云"宠为下"，不合经义。俞樾曰：河上公本作"何谓宠辱？辱为下贱。"注曰："辱为下贱。"疑两本均有夺误。当云"何谓宠辱若惊？宠为上，辱为下。"河上公作注时，上句未夺，亦必有注，当与"辱为下贱"对文成义，传写者失上句，遂并注失之。陈景元、李道纯本均作"何谓宠辱若惊？宠为上，辱为下"。可据以订诸本之误。

[4]据上引裘锡圭之说，这句话中的三个"惊"字皆当是"荣"字。

[5]吾所以有大患者，为吾有身：我之所以有大患缠身的感觉，是因为过于看重自身的存在。王弼注云："由有其身也。"有身，过于关注自我。司马光云："有身斯有患也。然则既有此身，则当贵之，爱之，循自然之理，以应事物，不纵情欲，俾之无患可也。"

[6]及，高亨认为：意为"如果"，假设之辞。无身，不留意自身，即奋不顾身，与"有身"相反。

[7]以身为天下，用尽自身的力量以为天下人。寄，《淮南子·道应训》引老子作："贵以身为天下，焉可以托天下"，汉帛书本亦作"托"。

[8]托，《淮南子·道应训》引老子作："爱以身为天下，焉可以寄天下矣"，汉帛书本亦作"寄"。

【译文】

如同常人宠爱荣誉那般宠爱耻辱，如同常人宝贵自己的身体（生命）那般宝贵大患（死亡）。什么叫作"宠""辱"？宠爱处于低下卑贱的地位，获得低下卑贱的地位如同获得荣誉一般，失去低下卑贱的地位如同失去荣誉一般，这就叫作宠爱耻辱如同宠爱荣誉。什么叫作宝贵大患（死亡）如同常人宝贵自己的身体（生命）那般呢？我之所以有大的祸患（死亡），是因为我只顾及自身（生命），如果我奋不顾身，做事不顾生命，那我还有什么祸患呢？因此，人能用尽自身的力量，奋不顾身以为天下人，才可以把天下交付给他；喜欢用尽自身的力量，奋不顾身以为天下人，才可以把天下委托给他。

【导读】

　　本章是道家有关人格修养的理论。七章中写道："是以圣人后其身而身先，外其身而身存。"也就是说，"圣人"将自己的利益置于众人之后，将个人的得失置之度外，才能赢得众人的拥戴。根据学界最新的研究成果，在这一章里，老子同样是在强调，统治者应奋不顾身，将生死置之度外，这样才能承担起治理天下的责任。曹操煮酒论英雄，论及袁绍"色厉胆薄，好谋无断，干大事而惜身"，论调与老子如出一辙。

　　七十八章云："是以圣人云：受国之垢，是谓社稷主；受国不祥，是为天下王。正言若反。"常人以处于低下卑贱的地位为耻辱；而统治者应"处众人之所恶"，以处于低下卑贱的地位为荣。遇到危险，常人唯恐避之不及；而统治者应挺身而出，勇于承担个人责任，因为这正是为天下大众建功、展现治世才能的大好时机。此章的论调与七十八章类似，也是"正言若反"。

　　当然，传统的解释已经形成了成语"受宠若惊"，又演化出成语"宠辱不惊"。王弼注云，"不以宠辱荣患损易其身"，亦可作为修养身心之借鉴。个人的荣辱得失，本属于外界幻象。人们应如《庄子·逍遥游》中的宋荣子那般，"举世而誉之而不加劝，举世而非之而不加沮"，不要因外界的毁誉而影响自身的生活态度。

　　这一章在后世颇遭曲解。有人认为"身"是一切烦恼大患的根源，所以要忘身。肉体和精神这两个部分是构成人之所以为人的充分而且必要的条件，也即构成人的生命的充分而且必要的条件。有人把"身"视为"肉体"的同义字，再加上道学观念和宗教思想的影响，认为肉体是可卑的，遂有"忘身"的说法。①

---

　　① 陈鼓应：《老子注译及评介》（修订增补本），112页，北京，中华书局，2009。

十四章

【原文】

视之不见名曰夷[1]，听之不闻名曰希[2]，搏之不得名曰微[3]。此三者不可致诘[4]，故混而为一。一者[5]，其上不皦[6]，其下不昧[7]，绳绳不可名[8]，复归于无物，是谓无状之状、无物之象[9]。是谓惚恍[10]。迎之不见其首，随之不见其后。执古之道，以御今之有[11]，以知古始[12]，是谓道纪[13]。

【校注】

[1]夷，《经典释文》引钟会注："夷，灭也。"高亨认为："夷是无形的形容词。"朱谦之认为：范应元本"夷"作"几"。范应元曰："'几'字，孙登、王弼同古本。傅奕云：'几者，幽而无象也。'"此引傅云，知傅本亦为后人所改，古本亦作"几"。作"几"是也，且与《易》义相合。《易·系》言"极深研几"，言"知几其神，几者动之微，吉之先见者也"，郑康成注："几，微也。"与傅云正合。马叙伦谓草书"几"字似草书"夷"字，音复相近，因伪为"夷"。

[2]希，《经典释文》："希，静也。"高亨认为："希是无声的形容词。"

[3]搏，汉帛书甲乙两本均作"捪"。《说文》："捪，抚也，一曰揳也。"高亨认为：搏也当训抚揳。微，《小尔雅·广诂》："微，无也。"微是无体的形容词。

[4]致诘：究诘，追究。高亨认为，致，犹推也。诘，问也。

[5]"一者"二字，王弼本无，傅奕本、汉帛书甲乙两本均有，高亨据此增。一，指道。①

[6]高亨认为：其，代表一，即代表道。其上，即在有道以前；不皦，混茫不清。《方言》十二："皦，明也。"

[7]其下，指道生天地以后。昧，昏暗不明。

[8]绳绳，汉帛书本作"寻寻"。绳、寻古字通用。王弼注云："绳绳，行动

---

① 高亨：《老子注译》，32页，北京，清华大学出版社，2010。

无穷极也。"即运动不息之貌。《经典释文》引梁简文帝注："绳绳，无涯际之貌。"即广大无边之貌。今从王说。

[9]无物之象，高亨说："按作'无象之象'义胜。'无状之状''无象之象'，句法一律，其证一也。上句既云'无物'，此不宜又云'无物'，以致复沓，其证二也。"朱谦之又说："《韩非·解老篇》曰：'人希见生象也，而得死象之骨，案其图以想其生也，故诸人之所以意想者，皆谓之象也。今道虽不可得闻见，圣人执其见功以处见其形，故曰无状之状、无像之像。'其证三也。"又，遂州本"象"作"像"。

[10]惚恍，仿佛，模模糊糊，似有似无也。朱谦之《老子校释》作"忽恍"，朱谦之说："'忽恍'二字，与御注、景福、河上、李道纯各本同。诸王本作'惚恍'，傅、范本作'芴芒'。《释文》出'怳'字，陆希声、黄茂材、陈景元、曹道冲各本作'惚怳'，《道藏》、河上本作'忽怳'，要之'怳''恍'字同。吴侗曰：'忽怳'亦可倒言'怳忽'，与'仿佛'同谊。蒋锡昌曰：'惚恍'或作'芴芒'，或作'惚怳'，双声叠字皆可通用。盖双声叠字，以声为主，苟声相近，亦可通假。'恍惚'亦即'仿佛'……而《老子》必欲以'恍惚'倒成'惚恍'者，因'象''恍'为韵耳。"

[11]有，指具体的事物。陈鼓应认为这里的"有"字，不是《老子》的专有名词，所以和一章的"有"不同。

[12]以，王弼本作'能'，河上公本、汉帛书甲乙本均作"以"，高亨据此改。①

[13]道纪，道的纲纪，即道的规律。

【译文】

一种东西，眼看不见叫作"夷"，耳朵听不见叫作"希"，手摸不着叫作"微"。这三种情况，不可推问追究，本来是混而为一的。这个一就是道。在有道以前什么样，没有人能明白；有道以后，就有了天地，逐渐明白，而不暗昧

---

① 高亨：《老子注译》，33页，北京，清华大学出版社，2010。

了。道永远运动不息，不可给它个名称，仍然归结为没有物体。这叫作没有形状的形状，没有物体的形象。这叫作惚惚恍恍。人们按照它的运行规律，迎接在前，却看不见它的头面；追随在后，却看不见它的脊背。但只要掌握这个自古相传的道，运用它的规律，就可以指挥现在所有的一切事物，因而知道古代原始情况，这就叫作道的纲要。

【导读】

本章是对道体的描述。林语堂在《老子的智慧》一书中给本章加了一个题目，叫作"太初之道"，是颇为切题的。在《道德经》一书中，何为"道"，是个十分重要的问题。老子通过许多篇章，从形而上和形而下的角度，以抽象的概括和具体的比喻，希望说明"道"是什么，以便人认识、理解和体会。

在老子那个时代，对宇宙、自然界中万物的形成问题，人们只能隐隐约约地感知，并将这种感知形诸文字，记录下来。形而上的"道"，和现实世界的任何经验事物不同，它不是一个具有具体形象的东西。它既没有形体，没有颜色，也没有声音。因此老子说"视之不见""听之不闻""搏之不得"，又说"迎之不见其首""随之不见其后"。这些都说明道是不能为我们的感官所感知的，它超越了人类一切感觉知觉的作用，故老子说它"不可致诘"。

这个道，由于没有明确的形体，所以无法名状。这个超乎声色名相的道，并非空无所有。老子所说的"无物"，并不是指空无所有，而是指道不是普通意义上的物。普通意义上的物，是有形体可见的东西，而道是没有形体、不可见的东西。

"道"是个超验的存在体，老子用了一种特殊的方法去描述它。他将经验世界的许多概念用上，然后一一否定它们的适当性，并将经验世界的种种界限都加以突破，由此反显出"道"的深微诡秘之存在。①

---

① 陈鼓应：《老子注译及评介》（修订增补本），115 页，北京，中华书局，2009。

十五章

【原文】

古之善为士者[1]，微妙玄通[2]，深不可识。夫唯不可识，故强为之容[3]。豫兮若冬涉川[4]，犹兮若畏四邻[5]，俨兮其若客[6]，涣兮若冰之将释[7]，敦兮其若朴[8]，旷兮其若谷[9]，混兮其若浊[10]。孰能浊以静之徐清？孰能安以久动之徐生[11]？保此道者不欲盈，夫唯不盈，故能蔽不新成[12]。

【校注】

[1]善为士者：王弼本为"士"，汉帛书乙本作"道"，河上公本、郭店楚简本（甲本），皆作"士"，可证"士"字更近古义。

[2]微妙玄通：幽微精妙，深奥通达。玄通，郭店楚简本及汉帛书乙本作"玄达"。

[3]容，状态，形象。易顺鼎曰："《文选·魏都赋》张载注引《老子》曰：'古之士，微妙玄通，深不可识。夫唯不可识，故强为之颂。'……作'颂'者古字，作'容'者今字。……强为之容，犹云强为之状。"

[4]"豫"与下文之"犹"，合为"犹豫"一词，意指临事迟疑，诸多顾虑。若冬涉川，《文子·上仁》引作"若冬涉大川"。奚侗说："涉川不必因冬而慎，疑《老子》原文必作'若涉大川'"。高亨认为仍应从王弼本作"若冬涉川"。

[5]四邻，高亨认为，四邻未必可畏。"四"当作"亚"，形似而误。亚读为恶（二章、八章、二十章等恶字，汉帛书乙本均作亚）。恶邻，凶恶的邻人。

[6]客，王弼本误作"容"，河上公本、傅奕本、汉帛书甲乙本皆作"客"，当据改。俨，《尔雅·释诂》："俨，敬也。"

[7]"释"上"将"字，《文子·上仁》引、汉帛书甲乙本皆无。《说文》："涣，流散也。释，解也。"河冰解开分块，则顺水下流。此比喻人顺应潮流的推移而不固执。

[8]敦，纯厚天真。朴，《说文》："朴，木素也。"即木的本来状态，未加削

砍雕琢。

[9]旷，空也。

[10]浊，水浊。混，河上公本作"浑"，二字可通。

[11]高亨认为：此二句，应据傅奕本"静"字上加"澄"字。汉帛书甲本作
"浊而静之余清，女以重之余生"。乙本略同，只有余作徐。余读为徐，重读为
动。女当为"安"之简笔字，傅奕本作"安"。上句紧承上文"混兮其若浊"，是说
水浊而转化为清。下句也承上文"旷兮其若谷"，是说谷虚转化为有物。①

[12]严可均曰："御注作'故能弊不新成。'"《大典》作"故能敝不新成"。洪
颐煊曰："'故能敝不新成'，案'敝'字与'新'对言之，'敝'即'敝'字。下文'弊
则新'，《释文》作'敝'。《论语·子罕》'衣敝缊袍'，《释文》：'弊，本作敝。'
《庄子·逍遥游篇》'孰弊弊焉'，《释文》：'司马本作敝。'古字皆通用。"高亨认
为：此四字当作"敝而又成"，"又"以形近误为"不"。敝，破也。此句是说破败
转化为成功。

【译文】

古代深通道家学术的人，是精微玄妙、深奥不可认识的。正因为他不可认
识，所以勉强表达他的形象。他行动犹豫顾虑啊，像在冬天渡过大河。他疑虑
戒惧啊，像惧怕四周凶恶的邻人。他对人庄严恭敬啊，像个客人。他顺应潮流
啊，像冰块的融解。他很纯朴啊，像未经加工的木材。他内心谦虚啊，像个空
谷（胸无成见）。他含蓄浑厚啊，像一池浊水（不苛察于物）。这池浊水，静一静
就慢慢地清了（浊转变为清）。这个空谷，动一动就慢慢地生出东西（虚转变为
实）。保持这种处世之道的人，不肯自满。正因为他不自满，所以能够在失败
之后，又得到新的成功（失败转为胜利）。

【导读】

本章是老子对心目中那些古代体道之士的描述。道是精妙深玄，恍恍惚

---

① 高亨：《老子注译》，34 页，北京，清华大学出版社，2010。

惚，不可捉摸，难以名状的。体道之士"微妙玄通，深不可识"，故老子也只能"强为之容"。世俗的人，形气秽浊，利欲熏心。庄子说："嗜欲深者天机浅。"此等人，一眼就可以看到底。有道之士，则微妙深奥，所以说"深不可识"。

老子通过七个"若"字，来比喻他心目中的有道之士，实际上可以概括为：既恭谨又警惕，既严肃又亲切，既淳朴又通达，心胸开阔能包容万物。有道之士即"圣人"。对于圣人的行为，《道德经》一书多有论述。例如，二章就指出："是以圣人处无为之事，行不言之教。万物作焉而不辞，生而不有，为而不恃，功成而弗居。"三章明确阐述"圣王之治"的内容；五章写"圣人"的治国方式等。全书八十一章，竟有三十几处提到"圣人"，或谈其治国之道，或论其治理方式，或关乎其人格修养，或涉及其处世之道等，可见老子是多么重视这一问题。书中有许多地方没有直接写"圣人"，而是用"有道者"（如二十四、三十一、七十七章等）、"善为道者"（六十五章）、"从事于道者"（二十三章）等称呼，其实它们具有内在的一致性。

圣王和上述各种称呼，其实质都是指"治国者"。唯独"以道佐人主者"（三十章）是个例外，这个"以道佐人主者"应当是掌握国家重权的大臣。老子并不单单认为王侯应当以道治理天下，推而广之，其臣下也应当懂得"以道佐人主"，这样才能上上下下都贯彻"以道治国"的方式。①

"孰能浊以静之徐清？孰能安以久动之徐生？"为道之士动极而静，静极而动，动静以时。"保此道者不欲盈"，真能体道且善于保守此道的人，其心灵应始终处于中虚的状态而不盈满，如《庄子·人间世》中提出的"心斋"，如此才能"蔽不新成"。

十六章

【原文】

致虚极[1]，守静笃[2]，万物并作，吾以观复[3]。夫物芸芸，各复归其

---

① 汤漳平，王朝华：《老子》，56 页，北京，中华书局，2014。

根[4]。归根曰静，是谓复命[5]。复命曰常，知常曰明[6]。不知常，妄作，凶[7]。知常容，容乃公，公乃王，王乃天，天乃道，道乃久[8]。没身不殆。

【校注】

[1]致，至于，抵达。极，中，中正。虚极，"虚"之极，即"虚"之最中心、最核心部分。

[2]守静笃，汉帛书甲本作"守情表"，汉帛书乙本作"守静督"，郭店楚简本作"兽中箁"，北大汉简本作"积正督"。郑良树认为汉帛书乙本"督"当读为本字；引西汉严遵《老子指归》说解"神守不扰，生气不劳，趣舍屈伸，正得中道"，由此认为："窃谓严本正文'笃'亦本作'督'，与帛书乙本相同，故《指归》以'中道'解之。"①宁镇疆亦认为"督"为本字，"表"为"褺（dú）"字之误；"督""褺"同训为"中"，"正督"之"正"与训为"中"的"督"是同义复指，即"正中"；"积"与"守"同义；"积正督"，即"积正"或"积中"，意即"处正"或"守正"；"守静笃"本当作"守中督"，坚守正中。②

[3]万物并作，北大汉简本同，汉帛书本作"万物旁作"，郭店楚简本作"万物方作"。宁镇疆认为"旁"为本字，即旁邪之"旁"，与"中"相对反；所谓"万物旁作"，实即"偏邪"之"作"，亦即偏离"正""中"之"作"；故下文归结为"观复"，所谓"复"即"复"其"中"。③

[4]夫物，汉帛书本作"天物"，郭店楚简本作"天道"，传世本多作"夫物"，傅奕本作"凡物"。《礼记·王制》："田不以礼曰暴天物"，孔疏解"天物"为"天之所生之物"。传世本"夫物"应为"天物"之讹，郭店楚简本作"天道"乃属另一版本系统，文义不同。④ 芸芸，事物繁杂、众多。根，指根本，指最初的德性。

---

① 郑良树：《老子新论》，78～79 页，上海，上海古籍出版社，2011。
② 宁镇疆：《汉简本"积正督"与〈老子〉十六章古义臆诂》，见《出土文献》（十），193～200 页，上海，中西书局，2017。
③ 宁镇疆：《汉简本"积正督"与〈老子〉十六章古义臆诂》，见《出土文献》（十），193～200 页，上海，中西书局，2017。
④ 北京大学出土文献研究所：《北京大学藏西汉竹书》[贰]，151 页，上海，上海古籍出版社，2012。

[5]归根曰静，是谓复命：回归本根称为清静，清静则回归到本原。

[6]常，自然法则。

[7]不知常，妄作，凶：不懂得自然法则，胡作非为，必然导致凶险。

[8]容，包容。公，公正。王，称王。天，指自然。

【译文】

达到"虚"之最中心、最核心的部分，同时坚守正中而不偏离。万物如果向旁邪里发展，偏离了正中之道，但最终都会观察到它们回复到其初始时的根本状态。万物尽管纷繁众多，但最终都会回归其本根。回归本根称为清静，清静则回归到本原。回归本原是正常的自然法则，懂得这一自然法则则使心灵澄明。不懂得自然法则，胡作非为，必然导致凶险。懂得自然法则就能包容，能包容就公正坦荡，公正坦荡则天下归附可以称王。王之道即天之道，有此道则可以长久，终生不会有危险。

【导读】

本章论述如何体察道的运行规律以及如何运用这种规律来治理国家，处理社会生活中各方面的问题。本章一开始就强调"致虚极，守静笃"。致虚即消解个人的心智作用，直到没有心机和成见。一个人运用心机会闭塞明澈的心灵，固执成见会妨碍明晰的认识，所以致虚是消解心灵的蔽障和厘清混乱的心智的活动。致虚必守静，透过静的功夫，乃能深蓄厚养，储藏能量。

在老子看来，人们要想真正了解"道"的运行过程，也就是事物发展变化的规律，就必须保持心灵的虚寂和宁静，使之不受外界的干扰，这样才能集中精力去察知，从而理解和掌握客观规律。老子认为，任何事物都经历着生长、发展、变化、回归的过程，体现着循环往复的运行规则，而归根的"静"是事物的本性。因此治理国家和处理社会生活中的各种问题，也应当遵循这一原则，这样就不会"妄作"，也就可以避免危险和恶果。

传统学者通常将本章主旨概括为一个"静"字，并联系老子学说中的"贵柔""守雌"来说明。唯独林语堂在《老子的智慧》中将本章取名为"知常道"。他将本章"复命曰常，知常曰明。不知常，妄作，凶。知常容，容乃公"中的四处"常"解释为"常规""常道"，他进一步说明："这是万物变化的常规，所以'复命'叫作'常'。了解这个常道可称为明智。不了解这个常道而轻举妄为，那就要产生祸害了。了解常道的人无事不通，无所不包；无事不通、无所不包就能坦然大公。"林氏将本章的主旨理解为"知常道"，即对道的体认，应当说是比较符合老子的本意的。

十七章

【原文】

太上，下知有之[1]；其次，亲而誉之[2]；其次，畏之；其次，侮之。信不足焉，有不信焉[3]。悠兮其贵言[4]。功成事遂，百姓皆谓我自然。

【校注】

[1]太上，最好的君主。

[2]其次，亲而誉之：次一等的国君，百姓亲近他赞扬他。

[3]第一个"信"，意为"诚信"。第二个"信"，意为"信任"。

[4]悠兮其贵言，（最好的君主）悠然而不轻于发号施令。"悠"，汉帛书本、郭店楚简本、河上公本、傅奕本等均作"犹"，犹、悠二字古通假。

【译文】

最好的君主，百姓仅仅知道他的存在。次一等的君主，百姓亲近他赞扬他。再次一等的君主，百姓都畏惧他。最下等的君主，百姓轻辱他。缺乏诚信的君主，得不到百姓的信任。（最好的君主）悠然而不轻于发号施令。事情办成功了，百姓都说"我本来就是这样的"。

【导读】

本章是老子的政治论，讲的是老子的治国理想。他把君主分为四个境界，特别指出：最下等的君主失信于百姓，而百姓不从；最上等的君主有功于百姓，而百姓不知。犹如上古时期尧舜为天子治世，天下太平，而百姓不知有尧舜其人，"帝力于我何有哉"？

老子理想中的政治情境：第一，统治者具有诚信朴实的素养；第二，政府只是服务于民众的工具；第三，政治权力不得逼临于民众之身。老子要求统治者应当诚实、诚信地对待民众，治理国家要少发号施令，让社会能够在自然无为的状态下得到治理。

老子将这种理想的政治情境和德治主义与法治主义做了对比。用严刑峻法来镇压人民，这就是统治者诚信不足的一个表现。统治者诚信不足，人民自然产生"不信"的行为。如此，统治者使用高压政策而走向了末途。老子强烈反对这种刑治主义。德治主义固然好，但在老子看来，这已经是多事的征兆了。统治者今天慰问，明天安抚，固然可博得称誉，但这已经是人民有伤残欠缺的事端了。最美好的政治，莫过于"贵言"。在"贵言"的理想政治情境中，人民和政府相安无事，甚至人民根本不知道统治者是谁；政权压力完全消解，大家呼吸在安闲自适的空气中。这是老子所理想的乌托邦政治情况。①

十八章

【原文】

大道废，有仁义[1]；智慧出，有大伪[2]；六亲不和[3]，有孝慈；国家昏乱，有忠臣[4]。

【校注】

[1]大道废，汉帛书本、郭店楚简本前有"故"字（郭店楚简本作"古"），传世本无。传世本自"大道废"至"有忠臣"为十八章。郭店楚简本、汉帛书本、北大汉简本皆与上文连抄，中间无任何符号分隔；且三本皆有"故"字承接上文，

---

① 陈鼓应：《老子注译及评介》（修订增补本），131页，北京，中华书局，2009。

说明传世本十七、十八章原应合为一章。①

[2]智慧出，有大伪：由于智谋的产生，才出现狡诈和虚伪。

[3]六亲，古指父、子、兄、弟、夫、妇。

[4]昏，黑暗。忠臣，汉帛书本、北大汉简本及傅奕本作"贞臣"，郭店楚简本作"正臣"。

【译文】

由于大道废弛，仁义才显现。由于智谋的产生，才出现狡诈和虚伪。由于家庭不和，孝慈才彰显。由于国家黑暗混乱，才看出所谓忠臣。

【导读】

本章直接承上章而来，老子从理想社会的构想回到现实社会中来，他所看到的是大道的废弃、诚信的不足、奸诈虚伪的萌生、道德的缺失等。正是这些丑恶的现象导致了社会混乱。表彰某种德行，正由于它特别欠缺；在动荡不安的社会中，仁义、孝慈、忠贞等美德，就显得如雪中送炭。他认为，出现这种现象，是不合"大道"的，并不值得赞美。

由于当时以孔子为代表的儒家学派大力提倡仁、义、礼、智、信，因此有些学者认为，作为中国最早出现的两个学派，道家与儒家在观念上是对立的。他们认为此章便是道家对儒家的一种批判，并以此作为道家学说晚于孔子儒学产生的证据。其实，作为道家的创始人，老子在这里只是从其学说出发，客观地评论和剖析当时社会的状况，未必是有意针对儒家。因为儒家所继承的，正是由西周著名政治家周公旦所制定的一系列礼乐制度和价值观念，而这种礼乐制度和价值观念，到了春秋时期已经行不通了，因此才会出现"礼崩乐坏"的社会现象。孔子希望能够通过恢复周礼，宣传"仁义"的学说，使这种现象得到纠正，使社会秩序恢复正常；而老子则敏锐地洞察到以这种办法救世，其实是行不通的，这在《史记·老子韩非列传》孔子问礼于老子，老子所说的话中已经表

① 北京大学出土文献研究所：《北京大学藏西汉竹书》[贰]，152页，上海，上海古籍出版社，2012。

达得十分清楚。本书中，老子只是总结了历史发展的进程，从而否定西周以来实行的一套治国法则。本章虽只是短短的八句，却和二章一样，列举出了相互对应的四对矛盾，只不过这里着重强调的是社会生活中的客观现象。我们从中可以进一步体会到老子深刻的辩证思想。①

第三节 《道德经》十九至二十七章导读

十九章

【原文】

　　绝圣弃智[1]，民利百倍；绝仁弃义[2]，民复孝慈；绝巧弃利，盗贼无有。此三者以为文不足[3]，故令有所属[4]。见素抱朴[5]，少私寡欲[6]。

【校注】

　　[1]绝圣弃智，抛弃聪明与智巧。汉帛书本、北大汉简本与王弼本同。陈鼓应云："通行本作'绝圣弃智'，郭店楚简本作'绝智弃辩'，为祖本之旧，当据改正。"

　　[2]绝仁弃义，抛弃仁与义的法则。汉帛书本、北大汉简本与王弼本同。陈鼓应云："通行本'绝仁弃义'，郭店楚简本作'绝伪弃诈'，为祖本之旧，当据改正。"

　　[3]此三者，指上文三个绝弃。文，文饰。

　　[4]令，使。属，归属。

　　[5]见，通"现"，呈现。素，未染色的丝。朴，未雕琢的木。素朴，喻人之本真。

　　[6]少，寡，皆作动词用，减损之意。减损私欲，以至于无。素朴无私欲，即与上"文"对应的"质"。

---

　　① 汤漳平，王朝华：《老子》，69～70 页，北京，中华书局，2014。

【译文】

　　抛弃聪明与智巧，民众才能获利百倍；抛弃仁与义的法则，民众才能回归孝慈；抛弃机巧与货利的诱惑，盗贼才能消失。以上三种巧饰之物，不足以治理天下，因此要让民心有所归属。外表单纯而内心淳朴，少有私心减少欲望。

【导读】

　　本章内容与前两章联系密切。在北大汉简本《老子》中，十七、十八、十九三章合为一章，应当是有所本的，因其内容联系密切。上一章指出当时社会的病态，本章提出解决的方法，便是去除圣智、仁义、巧利，因为它们是在大道废弃了之后才出现的。因此，恢复大道的最好办法，就是恢复原有的秩序，恢复到人类社会早期的那种没有个人私欲，没有权谋欺诈的平等的社会状态。老子在本章中连用三个"绝""弃"，说明他对相关事类极其厌恶的态度。他希望最后能够"见素抱朴，少私寡欲"，也就是我们常说的返璞归真。①

　　朴，实亦为老子思想之核心。朴乃一种混沌质朴之状态。《道德经》十五章有"敦兮其若朴"，二十八章有"知其荣，守其辱，为天下谷。为天下谷，常德乃足，复归于朴。朴散则为器，圣人用之则为官长，故大制不割。"三十二章有"道常无名，朴虽小，天下莫能臣也"，三十七章有"吾将镇之以无名之朴"，五十七章有"故圣人云：我无为而民自化，我好静而民自正，我无事而民自富，我无欲而民自朴"。老子在此章说要"绝弃""圣""智""仁""义"等，绝不是在推行愚民政策，而是要批判当时那套腐朽的意识形态，使民众归于"朴"的状态。

二十章

【原文】

　　绝学无忧[1]。唯之与阿[2]，相去几何？善之与恶，相去若何[3]？人之所

---

① 汤漳平，王朝华：《老子》，72页，北京，中华书局，2014。

畏，不可不畏[4]。荒兮，其未央哉[5]！众人熙熙[6]，如享太牢[7]，如春登台[8]。我独泊兮其未兆[9]，如婴儿之未孩[10]。儽儽兮，若无所归。[11] 众人皆有余，而我独若遗[12]。我愚人之心也哉[13]！沌沌兮[14]！俗人昭昭，我独昏昏[15]；俗人察察，我独闷闷[16]。澹兮，其若海[17]；飂兮，若无止[18]。众人皆有以，而我独顽似鄙。[19] 我独异于人，而贵食母[20]。

【校注】

[1] 绝学无忧，汉帛书乙本、传世本同。过去不少学者认为此句应属上章，与"见素抱朴，少私寡欲"连读。然郭店楚简本"绝学无忧"四字确属本章，且与"少私寡欲"不连抄，今又添北大汉简本新证，足见传世本分章不误。①

[2] 唯，恭敬的答应。阿，怠慢的答应。

[3] 善，多数传世本作"善"，汉帛书本、傅奕本作"美"，郭店楚简本作"微"，通"美"。高亨《老子正诂》云："二章曰：'天下皆知美之为美，斯恶已。'亦'美''恶'对言，此'善'当作'美'之证。"

[4] 不可不畏，郭店楚简本作"亦不可以不禔（畏）人"，汉帛书乙本作"亦不可以不畏人"，北大汉简本作"不可以不畏人"，三者文句类似，句末皆有"人"字，当是古本原貌。刘殿爵指出，传世本"人之所畏，不可不畏"的意思是"别人所畏惧的，自己也不可不畏惧"，"人之所畏，亦不可以不畏人"的意思则是"为人所畏惧的——就是人君——亦应该畏惧怕他的人"。② 二者相比，出土简帛本的意思显然比今本为优。

[5] 荒兮，其未央哉：精神领域广远开阔啊，好像没有尽头的样子。荒兮，广远。未央，不尽。

[6] 熙熙，兴高采烈的样子。

[7] 享太牢，参加丰盛的筵席。太牢，古代祭祀，牛、羊、猪三牲具备，为太牢。《礼记·王制》："天子社稷皆大牢。"《公羊传·桓公八年》何休注：

---

① 北京大学出土文献研究所：《北京大学藏西汉竹书》[贰]，153 页，上海，上海古籍出版社，2012。

② 刘殿爵：《马王堆汉墓帛书〈老子〉初探》，载《明报月刊》，1982(9)。

"牛、羊、豕凡三牲，曰大牢。"此处喻指丰盛的筵席。

[8]如春登台，好像春天登台眺望。

[9]泊，汉帛书甲本同，河上公本作"怕"，傅奕本作"魄"，汉帛书乙本作"博"，北大汉简本作"袙"，诸字皆音近可通。《说文》："怕，无为也。"论者多以"怕"字此训来解释这句话，即淡泊无为。

[10]孩，河上公本同，傅奕本、汉帛书乙本皆作"咳"，北大汉简本作"眩"。历来学者根据《说文》"咳，小儿笑也。从口、亥声。孩，古文咳，从子"之说，以"孩"为"咳"之或体，训为"小儿笑"。我们认为，"如婴儿之未孩"的"孩"当读为"骸"，训为"骨"。《广雅·释器》："骸，骨也。""如婴儿之未骸"，意思是如同婴儿在母体中尚未长骨也，也就是说婴儿尚未发育成人形。①

[11]儽儽(léi)兮，若无所归：疲惫不堪，无家可归。儽儽，疲惫不堪的样子。

[12]遗，不足的样子。

[13]我愚人之心也哉，我真是愚人的心肠啊！陈鼓应云："'愚'是一种淳朴、真质的状态。老子自己以'愚人'为最高修养的生活境界。"

[14]沌沌，混沌无知的样子。

[15]俗人昭昭，世俗的人都自我炫耀。昭昭，炫耀自己。昏昏，暗昧的样子。

[16]俗人察察，世俗的人都工于算计。察察，精于算计。闷闷，糊涂，不清楚。

[17]澹(dàn)兮，其若海：辽阔啊，就像大海无边无沿。澹，辽远。

[18]飂(liú)兮，若无止：思绪就像疾风劲吹，飘扬万里没有尽头。飂，疾风吹飘。

[19]众人皆有以，而我独顽似鄙：众人都各有所用，我独显得鄙劣无能。

[20]贵食母，以守道为贵。母，指道。

---

① 侯乃峰：《〈老子〉"如婴儿之未孩"解》，第二十三次全国医古文研究学术交流会论文，南宁，2014。

【译文】

　　弃绝异化之学可无搅扰。恭敬的应答与怠慢的应答，相差有多少呢？美好和丑恶，相差又有多少呢？为人所惧怕的，也应该畏惧怕他的人。精神领域广远开阔啊，好像没有尽头的样子。众人熙熙然悦乐，恣纵口腹耳目之情欲，如享太牢之味，如春天登台而观，逐外失真而不自觉。我独淡泊无为，淡然无欲，心里没有产生任何恣纵情欲的思想苗头，思虑静居不动就像婴儿在母体中尚未长出骨头（尚未发育成人形）的时候那样。疲惫不堪，好像无家可归。众人好像都有所得，唯独我一无所有。我真是愚人的心肠啊！终日混混沌沌啊！世俗的人都自我炫耀，我却糊里糊涂。世俗的人都工于算计，我却茫然无知。心辽阔啊，就像大海无边无际；思绪就像疾风劲吹，飘扬万里没有尽头。众人都各有所用，我独显得鄙劣无能。我和世人不同，而重视守道的生活。

【导读】

　　本章如同一幅描摹春秋末期世态人情的风俗画：春光明媚的季节，熙熙攘攘的人群或涌向高台，眺望美景；或兴高采烈地呼朋引伴，参加盛宴。呼喊声、应诺声、斥责声交杂成一片；好人、坏人、善良、丑恶，似乎也难分彼此。然而，在画中，我们看到一位老人孤独的身影，他神情疲惫，独自在发呆。本章中所谓的"众人""俗人"，当是指那些上层的掌握一定权力的人，而非普通民众。

　　《黄帝内经》首篇《上古天真论》中说："恬淡虚无，真气从之；精神内守，病安从来？"从这个意义上说，后天的非外因产生的疾病是人心神不宁静导致的，也就是个人远离了"恬淡虚无"的心态。老子淡泊无为的思想，回归到婴儿般状态的主张，正是治疗社会上急功近利的浮躁心态的一味良药。《礼记·曲礼上》云："欲不可纵"。若是无止境地向外界攀援追求，一味地追求个人欲望的无限满足，恣纵耳目口腹之欲，最终必然导致身心疲惫，心浮气躁，丧失自我。与此相反，宁静心灵，精神专一，才是修养身心的正途。

二十一章

【原文】

孔德之容[1]，惟道是从。道之为物，惟恍惟惚[2]。惚兮恍兮，其中有象；恍兮惚兮，其中有物。窈兮冥兮，其中有精[3]；其精甚真，其中有信[4]。自古及今，其名不去，以阅众甫[5]。吾何以知众甫之状哉？以此。

【校注】

[1]孔，大。德，道的显现与作用为德。容，动。

[2]道之为物，惟恍惟惚：道的模样，模糊不清。惟恍惟惚，不清楚不固定之状。

[3]窈，傅奕本作"幽"。窈、幽古字通用。幽冥，不可见之貌，犹渺渺茫茫。精，精气。

[4]其精甚真，其中有信：这精气清晰可知，真实而又可信。信，信验。

[5]自古及今，傅奕本、汉帛书本均作"自今及古"。高亨云："道的名，是用今天的名，称古时的道，是自今及古，不是自古及今。而且古、去、甫押韵。"阅，汉帛书本作"顺"，北大汉简本作"说"，疑"阅""说"皆读为"悦"，与"顺"意义相近。甫，汉帛书本作"父"，本始。

【译文】

大德的行动，从道而行。道的模样，模糊不清。虽然惚惚恍恍，其中却有形象；尽管恍恍惚惚，其中却有实物。渺渺茫茫之中，有它的精气。这精气清晰可知，真实而又可信。从古到今，道之名不变，依据它才能认识事物的本始。我怎能知万物的本始状态呢？就是依据道。

【导读】

"孔德之容，惟道是从"，将"道"与"德"的关系做了具体的界定：在两者关系中，"道"与"德"是主从关系，即使是大德，也须依从于道。

在道家哲学中，道有体用。道体就是宇宙的本原，是天地之始、万物之母。从其"用"看，道就是法则秩序，能够顺应天地秩序而行的，那就是"常道"，所以能"周行而不殆"。因此《道德经》首章就说："道可道，非常道；名可名，非常名。无名，天地之始；有名，万物之母。"本章具体描述了道的面貌："道之为物，惟恍惟惚。惚兮恍兮，其中有象；恍兮惚兮，其中有物。窈兮冥兮，其中有精；其精甚真，其中有信。"宋儒以"心地光明"作为"惚兮恍兮，其中有象"的注脚，充分显露出"道"的玄妙性与真确性。

"德"是先秦时期的重要概念，亦可理解为"得道"。万物莫不尊道而贵德，天地万物皆由道而生，正如《道德经》五十一章所言："道生之，德畜之，物形之，势成之。"即道为宇宙本原，赋万物以生命，积累显现为德。德规范万物本性，物体现万物形状，势成就了万物功用。道为体，德为用。道因德而显现为物质的世界，德是道的存在形式。①

本章与十四章有对应关系。"惟恍惟惚"句对应十四章的"惚恍"句，"窈兮冥兮"句对应"迎之不见其首，随之不见其后"，"自古及今，其名不去"对应"执古之道，以御今之有"。两章主题相近，都是对道始的描述。本章说"道之为物，惟恍惟惚。惚兮恍兮，其中有象；恍兮惚兮，其中有物"，十四章说"是谓无状之状、无物之象。是谓惚恍"，一言"有物"，一言"无物"，看似矛盾。《道德经》所说的无物是无形名之物，并非无实体之物，因此两者并不矛盾。原初无物谓无形名之物，形名未有，物无所定，故可言恍惚。而其中有实体之物，故可言"其中有物"。既有物，亦当有容状，故言"其中有象"。

"道"本身无形无象，无法用语言准确描述，因此给人幽深玄远的感觉。过去，将老子哲学视为唯物主义者，往往以本章之"有象""有物""有精"来加以说明；而认为老子哲学为唯心主义者，则往往列举其中描述"道"的模糊性的文字来加以说明。其实，两者皆是各得一偏。

---

① 梁发：《老子"尊道贵德"与"和谐共生"之道》，载《中国道教》，2011(6)。

二十二章

【原文】

曲则全[1]，枉则直[2]，洼则盈，敝则新，少则得，多则惑。是以圣人抱一为天下式[3]。不自见故明[4]，不自是故彰[5]，不自伐故有功[6]，不自矜故长[7]。夫唯不争，故天下莫能与之争。古之所谓曲则全者，岂虚言哉？诚全而归之[8]。

【校注】

[1]曲则全，委曲反而能保全。曲，委曲。

[2]直，汉帛书乙本、傅奕本作"正"，汉帛书甲本作"定"，读为"正"。王弼本、河上公本作"直"，"正""直"义近通用。

[3]是以圣人抱一为天下式，因此圣人守道，作为天下的范式。抱一，通行本作"抱一"，汉帛书本作"执一"，陈鼓应云："'执一'，即'执道'（见《老子》十四章、《庄子·天地篇》及《文子·道原篇》）。'执一'为道家常用语词，屡见于《管子》（《心术篇》《内业篇》）等稷下道家之作，其后为荀子（《荀子·尧问篇》）与韩非子（《韩非子·扬权篇》）引用。"式，汉帛书本作"牧"，"牧""式"含义不同。"牧"指治民之君，"天下牧"即《孟子·梁惠王上》"天下之人牧"，"式"意为法式、典范。①

[4]自见，自我表现。见，通"现"。明，是非分明。十六章"知常曰明"和五十二章"见小曰明"的"明"字，乃是《道德经》的特殊用语。这里的"明"字只是普通的意义。

[5]不自是故彰：不自以为是，所以名声昭彰。

[6]自伐，自我夸耀。

[7]矜，骄傲自大。

---

① 北京大学出土文献研究所：《北京大学藏西汉竹书》[贰]，154～155 页，上海，上海古籍出版社，2012。

[8]诚全而归之，确实做到周全，就能回归于道。诚，确实。归之，归于道。

【译文】

委曲反而能保全，弯曲反而能伸直，低洼容易充盈，凋敝后反而能更新，数量少就容易获得，多了反而会迷惑。因此圣人守道，作为天下的范式。不自我表现，所以是非分明；不自以为是，所以名声昭彰；不自我夸耀，所以有功业；不骄傲自大，所以能长久。正因为不争夺，所以天下没有人可以与之争夺。古人所说的委屈反而能保全，怎么会是空话呢？确实做到周全，就能回归于道。

【导读】

本章为老子的人生哲学，他以自己的智慧和对社会人生的观察，提出一系列为人处世的原则。本章从"曲则全"始，又以"诚全而归之"终。从正、反两方面论述观察事物应当全面，看到正、反双方的相互依存关系。

事物常在对待关系中产生，我们必须对事物的两端都能加以彻察，从正面去透视负面的意义，而对负面意义的把握，更能凸显出正面的内涵。而所谓正面与负面，并不是两种截然不同的东西，它们经常是一种相互依存的关系，甚至经常是浮面与根底的关系。①

本章起始的"曲则全，枉则直，洼则盈，敝则新，少则得，多则惑"应是引用古代的成语，从六个方面来阐明事物相互转化的道理，充满辩证的思想。继之以"不自见故明，不自是故彰，不自伐故有功，不自矜故长"，证明"圣人"以守道不争处世，所以"天下莫能与之争"的道理。《道德经》中有许多章充满辩证法的思想，既有我们先人在长期生活中所获得智慧的结晶，又有他通过自己的观察进一步加以补充和增益的内容，这使得他的辩证思想内涵十分丰富。如果说二章中，老子重在提出相互对立与相互依存是事物存在的普遍形式的话，那

---

① 陈鼓应：《老子今注今译》(参照简帛本最新修订版)，162 页，北京，商务印书馆，2016。

么此章则侧重于矛盾转化问题，为他的以"不争"达到"天下莫能与之争"的理论做依据。在处理人与社会、人与人之间关系的问题上，道家与儒、释两家的相关理论并无明显差别，但论述的方式则很不相同，儒、释两家都是从正面进行说教的，而老子却采用逆向思维的形式，从反面提出问题，让人印象格外深刻。①

二十三章

【原文】

希言自然[1]。故飘风不终朝，骤雨不终日[2]。孰为此者？天地。天地尚不能久，而况于人乎？故从事于道者，道者同于道，德者同于德，失者同于失[3]。同于道者，道亦乐得之；同于德者，德亦乐得之；同于失者，失亦乐得之[4]。信不足焉，有不信焉[5]。

【校注】

[1]希言自然，少发政令合于自然。希言，即少言，引申为少发政令，和五章的"多言数穷"形成对比。

[2]飘风，强风。骤雨，暴雨。

[3]故从事于道者，道者同于道，汉帛书本、北大汉简本作"故从事而道者同于道"，王弼本第二个"道者"应为衍文。

[4]同于道者，汉帛书乙本作"同于德（得）者"，似更合文理，北大汉简本"道"字或是"德（得）"之误。② 这段文字歧义甚多，陈鼓应《老子今注今译》等据汉帛书《老子》作"同于德者，道亦德之；同于失者，道亦失之"。但北大汉简本作"故同于道者，道亦得之；同于失者，道亦失之"，似与上文衔接更好。

[5]"信不足焉，有不信焉"，此句汉帛书两本均无，有人认为是根据传世

---

① 汤漳平，王朝华：《老子》，85页，北京，中华书局，2014。
② 北京大学出土文献研究所：《北京大学藏西汉竹书》[贰]，155页，上海，上海古籍出版社，2012。

本十七章而误衍。但北大汉简本作"信不足，安（焉）有不信"，可知汉代时亦有此种版本。

【译文】

少发政令是合于自然的。所以狂风刮不了一早晨，暴雨下不了一整天。是谁使它这样的呢？是天地。天地的狂暴都不能长久，况且是人呢？所以从事于道的人要与道合一，从事于德的人要与德合一，失道与失德的人要合一。与道相合的人，道也乐于帮助他；与德相合的人，德也乐于帮助他；与失相合的人，道也抛弃他。信用不足，就不能使人信服。

【导读】

本章阐述有关治国的理念，以天地不能长久地刮狂风下暴雨比喻有为是不可行的。天道无为，合于道，则道助之，不合于道，则道弃之。

首句提出"希言自然"，从字面意思来看，这是要求人少说话，以符合自然法则；从更深层次来看，这是要求统治者少发号施令，不扰民。道法自然，虽然会有疾风、骤雨的现象，但这种现象不会长久。天地、自然尚且不能长久地有为，统治者当然也不能总是发号施令，而应该以无为的状态让社会保持平静自然。《道德经》一书中还有几章提到过类似的观点，如二章的"是以圣人处无为之事，行不言之教"，五章的"多言数穷，不如守中"，十七章的"悠兮其贵言。功成事遂，百姓皆谓我自然"，"不言""贵言"与此章的"希言"都是合于道的，是统治者应当遵守的治国法则。

本章和十七章联系密切。十七章指出治国的四个层次，其中第三个层次是"畏之"，第四个层次是"侮之"。"畏之""侮之"是说统治者以严刑峻法来压榨民众，严苛的法令使社会达到了"民不畏死，奈何以死惧之"的地步，因而民众产生了反抗，走向了统治者的对立面。例如，中国第一个大一统的王朝秦仅仅存在了十余年的时间，究其原因，无外乎统治者施行暴政，民众不堪压迫，被迫揭竿而起。老子警告统治者少以强制性的法令横加干涉，更不要施行暴政，而要行"清静无为"之政，这才符合自然规律，才能使百姓安然舒畅。倘若以严刑峻法强制民众，用苛捐杂税压榨百姓，那么民众就会以背戾抗拒的行动对待统治者，这种统治亦不会持久。

高亨在《老子注译》中说："老子指出：王侯用狂暴的政治手段压迫人民，就决不会长久；只有效法于宇宙自然之道、自然之德、自然之天，使万民各得其生，各得其养，那就可以与道、德、天比美了。"①

二十四章

【原文】

企者不立，跨者不行[1]，自见者不明，自是者不彰，自伐者无功，自矜者不长[2]。其在道也，曰余食赘行，物或恶之[3]，故有道者不处[4]。

【校注】

[1]企者不立，跨者不行：踮起脚跟站不稳，跨步前进走不远。企，抬起脚跟。跨，以超常的大步幅行进。企，河上公本作"跂"，汉帛书本、北大汉简本作"炊"，北大汉简本原整理者云："企""跂"音义皆同，"炊"乃音近借字，读为"企"或"跂"均可。②

[2]此四句与二十二章相似，其注可参考。

[3]余食，多余的食物。赘行，即赘形，赘肉肿瘤，古"行""形"通用。物，此处指人。

[4]故有道者不处，所以有道术之人不处于这种状态。汉帛书本、北大汉简本皆作"故有欲者弗居"，或当是古本原貌。欲，贪欲。汉帛书整理小组曰："居，储蓄。此言恶物为人所弃，虽有贪欲之人亦不贮积。"其说可参。

---

① 高亨：《老子注译》，46页，北京，清华大学出版社，2010。
② 北京大学出土文献研究所：《北京大学藏西汉竹书》[贰]，155页，上海，上海古籍出版社，2012。

【译文】

　　踮起脚跟站不稳，跨步前进走不远，自我表现的不高明，自以为是的名声不显，自我夸耀的难有功业，骄傲自大的不能长久。从道的观点来看，他们都是剩饭和赘瘤，人人都感到厌恶，所以有道术之人不处于这种状态。

【导读】

　　本章旨在说明合于道的行为方式，与二十二章有密切联系。二十二章中正面提到不自见、不自是、不自伐、不自矜的品德，本章则从反面提到自见、自是、自伐、自矜的害处，指出从"道"的观点来看，这些行为就像是残羹剩饭和身体上的赘瘤，是人人都深感厌恶的，因而"有道者不处"。历史长河中，总有一些人自以为是，不听取民众的意见和建议，独断专行，结果不仅使自己身败名裂，而且给国家、社会和民众带来深重的灾难。所以老子在《道德经》一书中数次提及自见、自是、自伐、自矜的害处，让人警醒。

　　对于自见、自是、自伐、自矜这些行为，陈鼓应说："这些轻躁的举动都是反自然的行径，短暂而不能持久。"本章不仅说明躁进自炫的行为不可恃，亦喻示着雷厉风行的政举为人所共弃。①

　　本章以"企者不立，跨者不行"领起下文"自见者不明……自矜者不长"。"企者""跨者"是抬高自身的比喻，后文自见、自是、自伐、自矜都是抬高自身的具体表现，前后文意相承，正如《诗经》之比兴，由此及彼，自然成文。

二十五章

【原文】

　　有物混成，先天地生[1]。寂兮寥兮[2]，独立而不改，周行而不殆[3]，可以为天下母[4]。吾不知其名，字之曰道[5]，强为之名曰大[6]。大曰逝，逝曰远，

---

　　① 陈鼓应：《老子注译及评介》（修订增补本），158 页，北京，中华书局，2009。

远曰反^[7]。故道大，天大，地大，王亦大。域中有四大^[8]，而王居其一焉。人法地，地法天，天法道，道法自然^[9]。

【校注】

[1]有物混成，先天地生：有物浑然一体，先于天地而生。物，指道，郭店楚简本作"状"。混，郭店楚简本作"蟲"，为"蚰（昆）"之误，汉帛书本作"昆"，皆当如传世本读为"混"。混成，混然而成。

[2]寂兮寥兮，无声而又无形。寂，寂静。寥，无形，空虚。

[3]周行而不殆，循环运行而永不停止。周，北大汉简本作"偏"，通"遍"，"周""遍"为同义换用。北大汉简本原整理者说：郭店楚简本、帛书本皆无"遍行而不殆"一句，或以为后人妄增，北大汉简本证明此句至少在西汉中期已出现。①

[4]天下母，天地万物的本根。郭店楚简本及多数传世本作"天下母"，汉帛书本、北大汉简本作"天地母"。

[5]字之曰道，给它取字称之为"道"。

[6]强为之名曰大，勉强为它取名叫"大"。强，勉强。大，形容道的没有边际，无所不包。

[7]大曰逝，逝曰远，远曰反：它广大无边而周流不息，周流不息而伸展遥远，伸展遥远而返回本原。逝，指"道"的运行，周流不息。远，伸展遥远。反，同"返"。

[8]域中有四大，宇宙间有四大。域中，宇宙间。域，汉帛书本作"国"。北大汉简本原整理者说："然帛乙之'国'字，帛甲多作'邦'，唯此处及五十九章作'国'，可见此二'国'字并非'邦国'之义，帛乙中此二'国'字亦非'邦'字避讳而改。郭简此字作'囿'，读为'国'或'域'。'国'、'域'二字同源，先秦文字

常写作'或'。汉简本'国'字未见省写为'或'者，故此'或'字仍应读为'域'。"①

[9]人法地，地法天，天法道，道法自然：人取法于地，地取法于天，天取法于道，道本性自然。

【译文】

有物浑然一体，先于天地而生。它无声而又无形，独立长存而从不改变，循环运行而永不停止，可以说是天地万物的本根。我不知道它的本名，给它取字称之为"道"，勉强为它取名叫"大"。它广大无边而周流不息，周流不息而伸展遥远，伸展遥远而返回本原。所以说道大，天大，地大，王也大。宇宙间有四大，而王居其中之一。人取法于地，地取法于天，天取法于道，道本性自然。

【导读】

本章描述了道的容状，字之为道，名之为大，无所不至。

在老子的道论中，此章关系重大，内涵丰富。它从多个方面对"道"做了明确的界定，因而引起研究者的广泛关注。本章中的道有下面几个特点。第一，有物浑然一体，先于天地而生。道是浑然的"物"，处于一种混沌的状态。古人认为，天地未形成之前，宇宙处于混沌状态，而后轻清者上升为天，重浊者下降为地，盘古开天辟地的神话传说便是这一宇宙观的体现。第二，道是个绝对体，是不受其他任何东西干扰的客观实在。现象界的一切事物都是相对的，而道则是独一无二的，所以"独立而不改"，永恒存在。第三，道永远处于运动的状态中，即所谓"周行而不殆"，但它本身不会随着运转变动而消失。第四，道不仅在时序上先于天地而存在，而且天下万物也是道所产生的，即所谓"先天地生""为天下母"。②

本章中提到了四大，即"道大，天大，地大，王亦大"，并强调"域中有四

---

① 北京大学出土文献研究所：《北京大学藏西汉竹书》[贰]，156页，上海，上海古籍出版社，2012。

② 汤漳平，王朝华：《老子》，94页，北京，中华书局，2014。

大，而王居其一焉"。王弼注谓"天地之性，人为贵，而王是人之主也"，将"王"或者说"人"同"道""天""地"并称为四大，反映出老子十分重视人在自然、社会中的地位，可见中华文化自古就十分关注人的地位和作用，彰显出深厚的人文精神。虽然时代的局限，使得老子的思想带有原始性与朴素性，但他的哲学思想，对于后世的思想发展仍有十分重要的启发作用。

二十六章

【原文】

重为轻根，静为躁君[1]。是以圣人终日行，不离辎重[2]。虽有荣观，燕处超然[3]。奈何万乘之主，而以身轻天下[4]？轻则失本，躁则失君[5]。

【校注】

[1]重为轻根，静为躁君：稳重是轻浮的根基，安静是躁动的主宰。君，主，主宰。

[2]是以圣人终日行，不离辎重：因此圣人整天行进，离不开粮草辎重。圣人，傅奕本、汉帛书本、北大汉简本作"君子"，陈鼓应云："王弼本原作'圣人'。景龙本、傅奕本、苏辙本、林希逸本、范应元本及多种唐宋古本均作'君子'。《韩非子·喻老篇》亦作'君子'，与帛书甲本正同。"辎重，行军时所带的粮草、装备等。

[3]荣观，华丽的居所。汉帛书本作"环官"，北大汉简本作"荣馆"。北大汉简本原整理者云："传世本作'荣观'，范应元注：'观，一作馆。''荣'当读为'萦'，'萦''环'皆有'环绕'之义，故可通用。'馆'、'观'常通用，'官'为其借字。"①燕处，安居。超然，不受外界的影响。

[4]奈何万乘之主，而以身轻天下：为何身为大国的君主，还轻率躁动以治理天下呢？万乘之主，指大国国君。万乘，指拥有万辆以上战车，古代战车

---

① 北京大学出土文献研究所：《北京大学藏西汉竹书》[贰]，157页，上海，上海古籍出版社，2012。

一车四马称为一乘。

[5]轻则失本，躁则失君：轻率就失去了根本，躁动就失去了主宰。本，根，王弼本、傅奕本、汉帛书本同，河上公本及《韩非子·喻老》引文作"臣"。君，主宰。

【译文】

稳重是轻浮的根基，安静是躁动的主宰。因此圣人整天行进，离不开粮草等辎重。虽然有华丽的居所，却安居超然。为何身为大国的君主，还轻率躁动以治理天下呢？轻率就失去了根本，躁动就失去了主宰。

【导读】

本章意在强调以重使轻，治国者不应自矜自伐使自身轻浮，而应当谦卑自重处下。

本章列举了重与轻、静与躁这两对矛盾并进行深入分析。"重为轻根，静为躁君"，就木本植物而言，近根的一端比近梢的一端要致密、厚重，以此支撑植物的枝叶，这就叫作"重为轻根"。在地球的重力场范围内，物体总是不断地趋向重心更低的位置。如制造车辆和船只，都讲究保持"稳度"不倾覆，很重要的一个办法就是加重它的底盘，尽可能降低它的重心。重的根一般都是静的，与根相对的那一端易动易变，显得轻躁。重是事物的"根本"，轻是事物的"枝叶"；"重"所代表的宁静是"轻"所代表的轻率、浮躁的主宰。从人德的角度来说，"重"是稳重、持重、凝重和忍辱负重之意，"静"是安静、清静之意。有"重"和"静"这种特质的人一般都有淡定雍容、从容不迫的气度，具备遇事不惊不乍、镇静自若的风范——"泰山崩于前而色不变，麋鹿兴于左而目不瞬"。究其原因，无外乎他们守住了"道"，从而使得内心拥有强大的自信。虽然外物瞬息万变，但一切变化都在"道"的范畴之内。守住了"道"，一切变化就都是意料之中的事了，又有什么可惊可怕，可欲可求的呢？"心"不随着"物"转，宁静沉稳，又怎么会"轻"和"躁"呢？又怎么不能保持"重"和"静"呢？《韩非子·喻老》讲"重则能使轻，静则能使躁"，王弼注"不行者使行，不动者制动"，皆有此意。

因此，有"道"的君子"终日行，不离辎重"。"辎重"是古代军事术语，是粮草、被服、攻坚的重兵器等的总称。"兵马未动，粮草先行"，因此辎重是军队的根本。本章的"辎重"就是根本的意思。"圣人终日行，不离辎重"，犹如军队储备粮草兵器以保持战斗力，有"道"的人时刻保持稳重、持重、凝重的状态，必要时能够忍辱负重，从而守住为道的根本。

末句"轻则失本，躁则失君"，是首句的反面重申，前后照应。"本"对应句首的"君"，都是主宰之意。重是轻的根基，轻需要重来稳定。同理，静是躁的主宰，躁需要静来辖制。因此，老子指出应当关注根本，宁静稳重，不尚轻浮。国君要冷静处事，不可躁动，只有这样来治理天下，才能够使天下大治。

二十七章

【原文】

善行无辙迹[1]，善言无瑕谪[2]，善数不用筹策[3]。善闭无关楗而不可开[4]，善结无绳约而不可解[5]。是以圣人常善救人，故无弃人[6]；常善救物，故无弃物；是谓袭明[7]。故善人者，不善人之师[8]；不善人者，善人之资[9]。不贵其师，不爱其资，虽智大迷[10]，是谓要妙[11]。

【校注】

[1]善行无辙迹，善于行走的不会留下痕迹。辙迹，车轮行走时在地上留下的痕迹。

[2]善言无瑕谪(zhé)，善于言谈的不留瑕疵。瑕谪，缺点，过失。

[3]数，计算。筹策，古代计算时使用的筹码。

[4]善闭无关楗(jiàn)而不可开，善于关闭的，不用门闩却使人很难开启。关楗，门闩。

[5]善结无绳约而不可解：善于捆缚的，不用绳索却使人无法松解。结，打结，捆缚。绳约，绳索。

[6]是以圣人常善救人，故无弃人：因此圣人善于挽救人，从不遗弃人。

[7]常善救物，故无弃物，是谓袭明：善于物尽其用，没有物被抛弃，这叫作因循常道。"常善救物，故无弃物"，汉帛书本、北大汉简本作"物无弃财"。陈剑云："袭，因。明，知常曰明之明，指常道。"

[8]故善人者，不善人之师：因此善人可以作为不善人的老师。北大汉简本原整理者认为：传世本"善人之师"上多"不"字，应为衍文，帛书无。①

[9]资，取资，借资的意思。

[10]不贵其师，不爱其资，虽智大迷：不尊重善人这样的老师，不爱惜其借鉴的对象，虽然自以为聪明，实际上却是糊涂。爱，爱惜，不抛弃。

[11]要妙，精要玄妙。高亨说："'要'疑读为'幽'，'幽妙'犹言深妙也。'要''幽'古通用。"

【译文】

善于行走的不会留下痕迹，善于言谈的不留瑕疵，善于计算的不需筹策。善于关闭的，不用门闩却使人很难开启；善于捆缚的，不用绳索却使人无法松解。因此圣人善于挽救人，从不遗弃人；善于物尽其用，没有物被抛弃，这叫作因循常道。因此善人可以作为不善人的老师，不善人可以作为善人的借鉴。不尊重善人这样的老师，不爱惜其借鉴的对象，虽然自以为聪明，实际上却是糊涂。这是精要玄妙的道理。

【导读】

本章言善于救人用物者无所抛弃，使人物皆得其用。这是对"自然无为"思想的引申。

"善言""善行"，是指善于行不言之教，善于处无为之事。"善数""善闭""善结"各句，都是意义相同的譬喻。老子以这些为人们所熟知的事物作譬喻，引申出发人深省的道理，用之于人际关系，用之于社会治理。

这一章中，最为关键的几句话是"圣人常善救人，故无弃人；常善救物，

---

① 北京大学出土文献研究所：《北京大学藏西汉竹书》[贰]，157页，上海，上海古籍出版社，2012。

故无弃物",其上所说五善是为了引发这几句。吴澄云:"行者必有辙迹在地,言者必有瑕谪可指,计数者必用筹策,闭门者必有关楗,结系者必用绳约,然皆常人所为尔,有道者观之,则岂谓之善哉。……举五事为譬以起圣人善救之意。"《道德经》所说之善是一种极致状态。今以善言为例来说明,越是善于说话的人,前后矛盾、逻辑错误就越少,言的极致状态一定没有这些瑕疵。《道德经》把这种极致状态称为善。除了本章,还有五十四章的"善建者不拔,善抱者不脱",六十八章的"善为士者不武,善战者不怒,善胜敌者不与"等。①

在论述善人和不善人时,老子以辩证的观点来分析对待,认为两者之间同样存在着一种相辅相成的关系,因而说"善人者,不善人之师;不善人者,善人之资"。圣人能够以含而不露的智慧,去观照人与物,了解人各有才,物各有用,从而做到人尽其才,各因其性以造就,所以说"常善救人""无弃人";且做到物尽其用,顺物之性以展现其功能,所以说"常善救物""无弃物"。

本章所讲的道理,过去常被有的学者认为是讲"权术"的。其实,其中的道理对于我们今天的教育实践也是很有借鉴意义的。即每个学生都有自己的优点和长处,教师要善于发掘,积极引导,帮助学生尽快找到适合自己的发展途径。

第四节 《道德经》二十八至三十六章导读

二十八章

【原文】

知其雄,守其雌[1],为天下谿[2]。为天下谿,常德不离[3],复归于婴儿。

---

① 陈剑:《老子译注》,98 页,上海,上海古籍出版社,2016。

知其白，守其黑，为天下式。为天下式，常德不忒，复归于无极[4]。知其荣，守其辱，为天下谷[5]。为天下谷，常德乃足，复归于朴[6]。朴散则为器，圣人用之则为官长[7]，故大制不割[8]。

【校注】

[1]知其雄，守其雌：深知雄强重要，却安于雌柔的地位。雄，比喻刚动、躁进。雌，比喻柔静、谦下。

[2]谿，溪流。

[3]常德，人类原有的德性。

[4]知其白，守其黑，为天下式。为天下式，常德不忒，复归于无极：这六句，汉帛书甲乙本均在"复归于朴"下，使"朴"与下文"朴散则为器"之"朴"隔断。式，汉帛书本、传世本皆作"式"，北大汉简本作"武"："黑""式""忒""极"均为职部字，"武"为鱼部字，与诸字不押韵，应为"式"之讹。忒，差。

[5]荣，汉帛书乙本、北大汉简本作"白"，汉帛书甲本讹为"日"，《庄子·天下》引老聃言亦作"白"，传世本作"荣"。"辱"，各本皆同，应读为"黸"；第四章（王本四十一章）"大白如辱"，傅本即作"黸"；《玉篇·黑部》："黸，垢黑也"，与"白"相对，后人不解，乃改"白"为"荣"，与"辱"相对。①

[6]朴，未经加工的木材，指未经人为修饰。

[7]朴散则为器，圣人用之则为官长：真朴的道分散成万物，圣人利用它们，成为百官的首长。器，物。

[8]故大制不割，所以完美的政治是不割裂的。大制，完美的政治。割，割裂。此句，传世本将其置于本章之末，而汉帛书本、北大汉简本均归于下章之首。

---

① 北京大学出土文献研究所：《北京大学藏西汉竹书》[贰]，158 页，上海，上海古籍出版社，2012。

【译文】

深知雄强重要，却安于雌柔的地位，愿做天下的溪流。愿做天下的溪流，美德就不会离失，回归到婴儿的状态。深知光明的显赫，却甘居幽暗的位置，愿做天下的榜样。愿做天下的榜样，美德永不失去，复归到无物的状态。深知荣耀的尊贵，却安守卑下的位置，愿做天下的山谷。愿做天下的山谷，美德就永远充足，回归到自然的真朴。真朴的道分散成万物，圣人利用它们，成为百官的首长，所以完美的政治是不割裂的。

【导读】

在本章中老子阐述了"知雄守雌"的观点。"知其雄，守其雌，为天下豀"，即甘愿做天下的山涧溪沟，将自己居于最妥当的位置。本章通过知雄守雌、知白守黑、知荣守辱三组文字，层层深入，强调通过这样的办法达到返璞归真、天下大治的目的。

老子遵循"贵柔守雌"的思想原则。关于守雌（守柔），《道德经》中多次阐释，如"专气致柔"（十章），"柔弱胜刚强"（三十六章），"天下之至柔，驰骋天下之至坚"（四十三章）。另外，五十二、五十五、七十六、七十八章中也有涉及。本章虽无一字写到"柔"，但通篇贯彻了"柔"的思想。因此，很多人要在"守雌"的"雌"字后加一"柔"字，称为"雌柔"。老子的"雌柔"和儒家的"阳刚"互为补充，体现了中华民族哲学思维的成熟。

值得注意的是本章中有关"复归"的提法。本章中有三处提到"复归"："复归于婴儿""复归于无极""复归于朴"。这三处"复归"，实际上讲的是人性的复归。老子认为，圣人应当有异于众人的品性，所以能够"知雄守雌""知白守黑""知荣守辱"，这是圣人过于常人之处。他要求圣人必须是一个纯粹的人，本章中的三处"复归"，都指向同一个境界，即摒弃一切杂念，服从于真理，更具体地说就是遵从大道。所谓"复归于婴儿"，即拥有没被任何私欲污染的赤子之心。老子在十章中已有"专气致柔，能婴儿乎"的提法，本章中"复归于婴儿"，也是类似的意义。有些地方他不用"婴儿"而用"孩"，如四十九章有"圣人皆孩之"，"孩"也是"婴儿"的代名词。有的地方则用"赤子"，如五十五章"含德之厚，比于赤子"，这里的"赤子"之心，也是指圣人无私欲、甘心奉献一切的美好品德。至于"复归于无极""复归于朴"，都是与"道"紧密相连的。本章中有许多词，如"豁""谷""雌""常德""婴儿""朴"等，均是道家学说中的专有名词，具有特殊的含义，须细加体会。①

二十九章

【原文】

将欲取天下而为之[1]，吾见其不得已[2]。天下神器，不可为也[3]。为者败之，执者失之[4]。故物或行或随，或歔或吹[5]，或强或羸[6]，或挫或隳[7]。是以圣人去甚，去奢，去泰[8]。

【校注】

[1]取天下，治理天下。《广雅·释诂》："取，为也。"为，指"有为"，与"无为"相对。

[2]不得已，得不到。已，语气助词。

[3]天下神器，不可为也：天下是神圣的东西，不能以强力的方式去求取。神器，神圣的东西。

[4]为者败之，执者失之：任意作为必然失败，想要把持必然会失去。执，把持。

[5]或歔（xū）或吹，有的性格和缓，有的性格急躁。歔，缓吹为嘘。北大汉简本作"热"，汉帛书乙本同，汉帛书甲本作"炅"，乃"热"之异体；王本作"歔"，河上公本作"呴"，想本作"嘘"，傅本作"嚱"。"歔""嘘""呴"为一字之异体，《说文·口部》："嘘，吹也"，《欠部》："歔，欷也。一曰出气也"；"热"

---

① 汤漳平，王朝华：《老子》，107～108 页，北京，中华书局，2014。

（日母月部）与"嘘"（晓母鱼部）音近可通，应读为"嘘"。① 吹，急吹。此句喻人性格之缓急。

[6]羸（léi），瘦弱。

[7]或挫或隳（huī），有的需要建设，有的需要毁坏。挫，傅奕本作"培"，汉帛书甲本作"坏"，汉帛书乙本作"陪"，北大汉简本作"怀"，诸字音近可通（皆属之部），读为"培"，意为"堆土"，此字河上公本作"载"。隳，毁坏。

[8]去，去除。甚、奢、泰，泛指一切过分的欲求。

【译文】

想治理天下而任意妄为，我断定他达不到目的。天下是神圣的东西，不能以强力的方式去求取。任意作为必然失败，想要把持必然会失去。所以世间万物，有的积极前进，有的消极尾随；有的性格和缓，有的性格急躁；有的身体强壮，有的瘦弱无力；有的需要建设，有的需要毁坏。所以圣人去除极端，去除奢靡，去除过度的措施。

【导读】

本章是老子的政治论，他再一次强调治国不可以有为，即要以"无为"来治国。老子指出，谁也不要以有为对待政治，若以有为争取天下或掌握天下，其结果必定失败；反之才能成功。"无为"思想，是老子反复强调的治国准则。他从二章就开始提出"圣人处无为之事，行不言之教"，三章有"为无为，则无不治"，十章有"明白四达，能无知乎"，三十七章有"道常无为而无不为"，三十八、四十三、四十八、五十七、六十三、六十四章等，都不断阐述这一思想。虽然本章并没有出现"无为"一词，但讲的是"有为"的坏处，是从另一个侧面来加深人们对"无为"的认识。老子的无为思想，主要是讲给统治者听的。他警告统治者不要轻举妄动，不要欲壑难填，因为"天下神器，不可为也。为者败之，

---

① 北京大学出土文献研究所：《北京大学藏西汉竹书》[贰]，158 页，上海，上海古籍出版社，2012。

执者失之"。①

此章的后半段体现了老子朴素的辩证观点。高亨说："老子认为：事物都是有矛盾的，例如富贵者则行、热、强、乘，贫贱者则随、寒、弱、坠。又认为矛盾总是相互转化的，富可转化为贫，贵可转化为贱。所以圣人去甚，去奢，去泰，以免失去富贵，陷入贫贱。"②

三十章

【原文】

以道佐人主者，不以兵强天下[1]，其事好还[2]。师之所处，荆棘生焉[3]。大军之后，必有凶年[4]。善者果而已，不敢以取强[5]。果而勿矜，果而勿伐，果而勿骄[6]，果而不得已，果而勿强[7]。物壮则老，是谓不道，不道早已[8]。

【校注】

[1]以道佐人主者，不以兵强天下：用道辅佐国君的人，不靠兵力逞强于天下。

[2]其事好还，用兵这件事一定会得到报应。还，返。

[3]荆棘，泛指丛生多刺的灌木。农事荒废，良田荒芜，故荆棘丛生。

[4]大军之后，必有凶年：大战之后，必定有荒年。大军，指大战。郭店楚简本、汉帛书本、北大汉简本均无此句，当是后世增补。

[5]善者果而已，不敢以取强：善用兵者能够取得胜利就行了，切不可以此逞强。果，战胜。

[6]果而勿矜，果而勿伐，果而勿骄：战胜了不要自满，战胜了不要自夸，战胜了不要骄傲。矜，自恃。伐，自夸。

[7]果而不得已，果而勿强：战胜了也是迫不得已，战胜了千万不能逞强。

---

① 汤漳平，王朝华：《老子》，112页，北京，中华书局，2014。
② 高亨：《老子注译》，53页，北京，清华大学出版社，2010。

不得已，迫不得已。郭店楚简本无"果而不得已"一句。

[8]物壮则老，是谓不道，不道早已：过于强大就会走向衰亡，因为它不合于道，不合于道的都不长久。"物壮"至"早已"，郭店楚简本无此句。壮，武力兴暴。不道，不合于道。已，停止。

【译文】

用道辅佐国君的人，不靠兵力逞强于天下，用兵这件事一定会得到报应。军队所到之处，就会荆棘丛生；大战过后，必定有荒年。善用兵者能够取得胜利就行了，切不可以此逞强。战胜了不要自满，战胜了不要自夸，战胜了不要骄傲，战胜了也是迫不得已，战胜了千万不能逞强。过于强大就会走向衰亡，因为它不合于道，不合于道的都不长久。

【导读】

本章是老子的军事论，主要观点是，反对诸侯争夺霸权的非正义战争，拥护争取国家安全的自卫性正义战争；对战争，要采取不逞强的态度。

"春秋无义战。"春秋时期的战争多是因统治者的贪婪而发动的，如楚国在春秋时期就灭国40多个，从而成为南方的大国。老子的祖国陈国，就是被楚所灭的。他目睹这一社会现实，看到民众因战争而遭受痛苦，于是出于人道的立场，写下这些篇章。尽管在《道德经》八十一章中，写战争的仅占四章，即本章和三十一、六十八、六十九章，但老子反对战争的态度十分明确。其实，不仅是道家，先秦诸子对战争均采取特别慎重的态度，即使兵家也是如此。被称为兵家之祖的孙子，在《孙子兵法》中也要求对战争采取慎重的态度，首篇《计篇》开篇即云："兵者，国之大事，死生之地，存亡之道，不可不察也。"[1]

先秦儒、墨、道三家尽管出发点有所不同，但在反对战争、关注民间疾苦这一基本点上，主张基本是一致的。道家认为战争违反"道"的基本原则，

---

[1]　汤漳平，王朝华：《老子》，115页，北京，中华书局，2014。

是"不道"的。墨家认为战争违背了"兼爱"的精神，因而对战争加以抨击。儒家则以为战争破坏了"仁爱"的原则。这些都体现了先秦诸子以人为本的人道精神。

三十一章

【原文】

夫佳兵者，不祥之器[1]，物或恶之，故有道者不处[2]。君子居则贵左[3]，用兵则贵右。兵者，不祥之器，非君子之器，不得已而用之，恬淡为上[4]。胜而不美，而美之者，是乐杀人[5]。夫乐杀人者，则不可以得志于天下矣。吉事尚左，凶事尚右。偏将军居左，上将军居右，言以丧礼处之。杀人之众，以哀悲泣之[6]；战胜，以丧礼处之。

【校注】

[1]夫佳兵者，傅奕本作"夫美兵者"，汉帛书本作"夫兵者"，北大汉简本作"夫䣛美"。王念孙认为王弼本"佳"乃"隹（唯）"之误，卢文弨则认为"佳""美"是动词，其下"之器"二字应是衍文。① 汉帛书本出土后，学者多认为汉帛书本"夫兵者"是正确的，传世本"佳"或"美"字应是衍文。北大汉简本公布后，学者对这句话又有了新的认识。北大汉简本原整理者以为，"䣛"（匣母支部）可读为"佳"（见母支部），"佳美"指有美丽装饰之物；《史记·扁鹊仓公列传》引《老子》："美好者，不祥之器"，"美好"即"佳美"，与汉简本属同一版本系统；另外一种读法是将"䣛"读为"画"（匣母锡部），"画美"是动词；"夫䣛（画）美不恙（祥）之器也"应连读，指美化、装饰"不祥之器"的行为。②

[2]物或恶之，韩巍认为是指美化、装饰"不祥之器"的行为受到人们的普遍厌弃。故有道者不处，又见上二十四章，汉帛书甲本作"故有欲者弗居"，北

---

① 高明：《帛书老子校注》，387～389页，北京，中华书局，1996。
② 北京大学出土文献研究所：《北京大学藏西汉竹书》[贰]，159页，上海，上海古籍出版社，2012。

大汉简本作"故有欲者弗居也"。欲，贪欲。韩巍认为这句话是说即使有贪欲之人也不会蓄积这样的"不祥之器"。

[3]居，平时，平常居家。

[4]恬淡，河上公本作"恬愉"，傅奕本作"恬憺"，郭店楚简本作"鑪縺"，汉帛书甲本作"铦襲"，汉帛书乙本作"铦懺"，北大汉简本作"恬偻"。劳健《老子古本考》认为"恬淡"乃"铦锐"之讹，谓兵器但取铦锐，无用华饰也。裘锡圭在肯定劳氏之说的基础上，认为郭店楚简本的"鑪"即"铦"，"縺"字似当读为"功苦"之"功"，训为"牢固""坚利"；铦功为上，就是说兵器以坚利为上；汉帛书乙本的"懺"也可读为"功"，甲本的"襲"应是从"龍"声之字的形近讹字；"襲""淡"二字上古音相距不远，可能有人将"铦襲"一类异文读为"恬淡"，遂为今本所袭用①。北大汉简整理者以为，从"龍"声之字属东部，"偻"属侯部，二字声母相同，韵母为阴阳对转，故可通假；"偻"疑读为"镂"，"铦镂"即锋利的铁制兵器；"偻""愉"形近，疑"偻"先讹为"愉"，再进一步变为"淡""憺"等字；"铦镂"讹为"恬淡"，遂致文义难解。② 其说可参。

[5]胜，胜任，合于实用。美，美化，装饰。

[6]哀悲，王弼本、郭店楚简本作"哀悲"，河上公本及汉帛书甲本等作"悲哀"。郭店楚简本"哀"作"悫"，即"哀"之异体；汉帛书甲本作"依"，乃音近借字。泣，郭店楚简本作"位"，汉帛书本、北大汉简本作"立"，皆应读为"莅"。

【译文】

那些美化、装饰不吉祥的器物的行为，人们普遍厌恶，因此有道术之人不这么做。君子平常以左边为贵，用兵打仗时则以右边为贵。兵器，是不吉祥的器物，不是君子的器物。兵器是在不得已的情况下使用的东西，只要锋利坚固合于实用就好，不应对其加以装饰使之美观，如果这么做，那就相当于以杀人

---

① 裘锡圭：《郭店〈老子〉简初探》，见《中国出土古文献十讲》，213～214页，上海，复旦大学出版社，2004。

② 北京大学出土文献研究所：《北京大学藏西汉竹书》[贰]，160页，上海，上海古籍出版社，2012。

为乐了。那些以杀人为乐的人，就不能得志于天下了。吉事以左边为上，凶事以右边为上。偏将军在左边，上将军在右边，说明以凶丧之礼对待战争。杀人众多，以哀痛的心情去对待，打胜仗也要照丧礼来处置。

【导读】

本章内容与上一章内容可以合观，充分表明老子对战争的态度。老子反对战争，认为武力对于民众来说是凶灾。他还指出了战争的祸害。

武器是专门用来杀人、伤人的，仁义的君子在迫不得已的时候才会使用，且达到目的即可。即使以武力战胜了对方，也不是值得夸耀的事情。如果没有平和的方法，直接单纯地依靠武力，就会产生恶果。

由于古人对《道德经》字词文句的误解，产生了成语"佳兵不祥"。这一成语在古代流传甚广。对于战争中杀人的兵器，老子主张"实用主义"，反对"形式主义"的"美"兵，即美化、装饰兵器，这与三十八章"处其实，不居其华"的主张也是吻合的。结合老子所处的春秋晚期的社会背景，我们更能看出老子这种主张的社会现实意义。裘锡圭先生指出，当时的王公贵族刻意追求兵器的精致华美，考古出土的春秋晚期兵器（如宝剑）大都纹饰美丽，甚至镶嵌黄金或宝玉石，正是"美"兵的实例。

喜欢用兵力取胜的人，是喜欢给人制造灾难的人；喜欢给人制造灾难，就不能取得天下了。君子不喜欢使用武力；但是恶人却很喜欢使用武力，并把制造灾难当作乐趣，这样的人，是不会获得民心、得到天下的，这样的人会有恶报。偏将军处于文静的、服从的地位，不是凶事的主导者，所以在左边。凶事尚右。上将军处于发号施令的、领导的地位，是凶事的发起者，所以处于右边。战争就是进行凶恶的屠杀，所以要用举办丧礼的心态来对待它。战争中，无论是战胜方还是战败方，都会有很多人失去亲人和朋友，所以，即使是战胜方，也不要欢乐，要以悲悯之情对待战争。

三十二章

【原文】

道常无名，朴虽小，天下莫能臣也[1]。侯王若能守之，万物将自宾[2]。天地相合，以降甘露[3]，民莫之令而自均[4]。始制有名，名亦既有，夫亦将知止[5]。知止可以不殆。譬道之在天下，犹川谷之于江海[6]。

【校注】

[1]道常无名，朴虽小，天下莫能臣也：道总是无名的，这个原初的道虽然细小，天下却没有谁能使它臣服。老子常以"无名"喻"道"，如四十一章"道隐无名"。小，道是隐而不可见的，所以用小来形容。"道常无名，朴虽小"的断句方式历来有两种，一种断为"道常无名，朴虽小"，意为"道总是无名的，这个原初的道虽然细小"，此处之"朴"代指"道"；另一种断为"道常无名，朴，虽小"，意为"道总是无名的，浑然不经人为，虽然小不可见"，此处之"朴"用于形容"道"真朴的特点。陈鼓应、陈剑等人认同第二种观点。

[2]宾，归从，顺服。

[3]天地相合，以降甘露：天地间阴阳之气相结合，就会降下甘露。天为阳，地为阴，天地相合即阴阳二气结合。甘露，甜水，指及时的雨水。

[4]民莫之令而自均，人们不须指使它而自然润泽均匀。五十一章说"道"生育畜养万物时云"夫莫之命而常自然"，言无人指令而"道"能自然化育万物。这两句有异曲同工之妙。

[5]始制有名，万物兴作，于是产生了各种名称。制，郭店楚简本作"折"，汉帛书本、传世本皆作"制"，北大汉简本作"正"。北大汉简本原整理者以为，"折""制"同属章母月部，战国秦汉出土文献常假"折"为"制"。① 知止，知道行事的限度。

---

① 北京大学出土文献研究所：《北京大学藏西汉竹书》[贰]，160 页，上海，上海古籍出版社，2012。

[6]譬道之在天下，犹川谷之于江海：道存在于天下，如同江海为河川所流注一样。譬，犹如。蒋锡昌《老子校诂》云："此句倒文，正文当作：'道之在天下，譬犹江海之与川谷。'盖正文以江海譬道，以川谷譬天下万物。"川谷，郭店楚简本作"少（小）浴（谷）"，汉帛书本作"小浴（谷）"，北大汉简本作"小谷"。北大汉简本原整理者以为，"川"应是"小"之讹①。

【译文】

道总是无名的，这个原初的道虽然细小，天下却没有谁能使它臣服。侯王如果能守持它，万物自然会宾服。天地间阴阳之气相结合，就会降下甘露，人们不须指使它而自然润泽均匀。万物兴作，于是产生了各种名称，既然名称已经制定了，就应知道行事的限度。知道行事的限度，就能避免危险。道存在于天下，如同江海为河川所流注一样。

【导读】

本章主要阐发老子的道论，可与二十八、三十七章对照阅读。在二十八章里，老子在前半部分讲的是"守雌"的观点，在后半部分提到"为天下谷，常德乃足，复归于朴。朴散则为器，圣人用之则为官长。故大制不割"。本章的内容是对二十八章后半部分内容的进一步阐述和发挥。三十七章主要讲述"道常无为"，与本章的"道常无名"密切相关。两章也都反对贪欲，要求做到"知止可以不殆"。

朴，在《道德经》中数次被提及，如十五章"敦兮其若朴"，十九章"见素抱朴"，二十八章"复归于朴""朴散则为器"，三十七章"吾将镇之以无名之朴"，五十七章"我无欲而民自朴"等。老子用"朴"来形容道的原始无名状态，侯王若能持守无名之朴的道，民众当能安然自适，各遂其生。

---

① 北京大学出土文献研究所：《北京大学藏西汉竹书》[贰]，160页，上海，上海古籍出版社，2012。

三十三章

【原文】

知人者智[1]，自知者明。胜人者有力，自胜者强。知足者富，强行者有志[2]，不失其所者久[3]，死而不亡者寿[4]。

【校注】

[1]"知"前，北大汉简本有"故"字，且与上章合为一章。人，指他人，与下文"自"相对应。

[2]强行，勤勉力行。志，志向，意愿，这里指"取天下"。

[3]所，根基。久，长久。

[4]亡，消亡。不亡，指人死而其道永存。

【译文】

了解他人可以称为智慧，认识自己的才能称为明白。战胜别人可以称为有力，胜过自己才可以称为坚强。知道满足是富有，坚持不懈可以得志于天下。不失根基能长久，身死而其道不朽的才是长寿。

【导读】

本章内容涉及老子的人生论，是关于人格修养的至理名言。本章虽然只有八句，但内涵丰富，涉及知识、学习、力量、财富、志向和长寿的问题。在传世本中，本章独立成章，但北大汉简本"知人者智"前有"故"字，且不别为一章，与上章合为一章。本章虽然没有一个"道"字，但蕴含了老子丰富的关于道的理论。就文意而言，本章延续上章的"知止可以不殆"而继续阐发，故从北大汉简本并入上章是较为合适的。

高亨说：老子指出，人要"知人"，更要"自知"；要"胜人"，更要"自胜"；

要"知足"，要"强行"，要"不失其所"，要"死而不亡"。①

"知人"就是了解别人、认识别人，是向外的。"知人"是一切人际关系开展的基础。无论帝王将相，还是贩夫走卒，都不能不"知人"，否则简直可以说是寸步难行。"知人"是每个人都会一点的基本生存技巧，人和人的区别只在于"知人"的水平有高低。所以，善于"知人"的人是智者，有智慧的人才善于"知人"。"自知"就是了解自己、认识自己，是向内的。"自知"是"知人"的基础，"将心比心，推己及人"讲的就是这个道理。要了解别人，首先要对自己有深刻的了解。一个懂得"内照"的人才能真正"自知"，才有资格称为"明"。"明"是"内修"的境界——"心境空明"，"智"是"外学"的范畴，"明"比"智"的层次要更深一些。

"胜人"就是胜过别人，征服别人，是向外的。"胜人"指人和人之间的竞争，是强者击败弱者的过程。"物竞天择，优胜劣汰"的自然法则，就体现了生物互"胜"的过程。"自胜"就是胜过自己，征服自己，是向内的。"自胜"指自己超越自己，是自我提升的过程。"胜人"说明你拥有的"力"多，而"自胜"是一个不断挑战自我极限的过程，是一个效法天道、自"强"不息的过程，所以能够"自胜"的人才是真正的"强"者。

"富"首先是一种精神状态，就是知道满足的精神状态。知足常乐。知足者能够"一箪食，一瓢饮，居陋巷而不改其乐"。这种知道满足的精神状态和具体拥有多少金钱的关系不大。也许他刚够温饱，但是他满足于这样平淡甚至有些清苦的生活，对于他来说，精神是极大丰富的，丰富到了可以忽视世俗生活中一切的物质贫乏，因此，他才是"富"人。"有志"者不是经常立下各种"宏伟"志向的人，而是"咬定青山不放松，万劫不复我独行"的"强行者"。清代小说家蒲松龄曾经撰写过这样一副励志自勉对联："有志者，事竟成，破釜沉舟，百二秦关终属楚；苦心人，天不负，卧薪尝胆，三千越甲可吞吴。"真正的有志者不仅要有"破釜沉舟"式的勇气和决心，更要有"卧薪尝胆"式的坚忍与毅力。这样的人内心拥有无比强大的力量，足以扫除外界一切阻挠他达到目标的障碍。他

---

① 高亨：《老子注译》，59 页，北京，清华大学出版社，2010。

不仅有着"自反而缩，虽千万人，吾往矣"的勇气，更有着"吾将上下而求索"的坚毅。"不失其所者久"，"所"是一个人立身的根本，"不失其所"就是不会忘记、失去自己的根本。王弼注云："以明自察，量力而行，不失其所，必获久长矣。"

林语堂特别赞赏最后一句的"死而不亡者寿"，认为"非常接近他的'不朽'观"。这句话陈鼓应翻译成"身死而不被遗忘的是真正的长寿"。王弼注的是"身没而道犹存"。所谓"道犹存"，指的仍是关于道的学说犹存。马王堆帛书乙本作"死而不忘者寿也"，则更准确地指出"死而不被遗忘"了。①

三十四章

【原文】

　　大道氾兮，其可左右[1]。万物恃之而生而不辞，功成不名有[2]，衣养万物而不为主[3]。常无欲，可名于小[4]；万物归焉而不为主，可名为大[5]。以其终不自为大[6]，故能成其大。

【校注】

　　[1]氾，泛滥。王弼本、河上公本作"氾"，傅奕本作"汎"，汉帛书乙本作"渢"，北大汉简本作"泛"，北大汉简本原整理者以为，"氾""汎"皆"泛"之异体，"渢"同"汎"。②

　　[2]万物恃之而生而不辞，汉帛书本无，北大汉简本作"万物作而生弗辞"。恃，依赖。不辞，不拒绝，不推辞。名有，占有。

　　[3]衣养万物，汉帛书本作"万物归焉"，与下文重复，应是涉下文而误。衣养，河上公本作"爱养"，北大汉简本作"爱利"，北大汉简本原整理者注释云："'衣'、'爱'音近，'衣'当读为'爱'，想本、傅本作'衣被'，应是'衣养'

---

　　①　汤漳平，王朝华：《老子》，125页，北京，中华书局，2014。

　　②　北京大学出土文献研究所：《北京大学藏西汉竹书》[贰]，161页，上海，上海古籍出版社，2012。

之讹。"①

[4]可名于小，可称为渺小。小，指精微不可见。

[5]万物归焉而不为主，可名为大：万物归附而不自以为主宰，可以称之为大。

[6]以其终不自为大，汉帛书本、北大汉简本均无"终"字，故陈剑等学者认为，此"终"字为衍文，应删去。

【译文】

大道泛滥，可左可右，无所不到。万物依赖道生长而道从不推辞，事功成而道不自以为有功，养育万物而不自以为万物的主宰。它没有任何私欲，可以称为小；万物归附而不自以为主宰，可以称为大。因为它始终不认为自己伟大，所以才能成就它的伟大。

【导读】

本章说明道的作用，其意重在"以其终不自为大，故能成其大"句，旨在说明"道"是万物产生的根源，但它却不将万物据为己有；它滋养了万物，却又不充当它们的主宰；它自身并无任何欲求，圣人效法道，才能无所不统。

宇宙间有四大：道大，天大，地大，王亦大。道之大，表现为道不但流行于天地间，而且生成天地万物，显象于大千世界。圣人与大道同体，与天地万物同德，阴阳在乎手，变化由乎心，为天下众生造福，无所不能，无所不到，功盖于天。但圣人守静抱朴，无欲无为，谦恭卑下，从不显露，也从不自以为大。这正体现了圣人的伟大人格，他们是世人应当效法的楷模。

圣人以无为自然，体用真常，本末一贯，有功不自居，所以谓之大。天地之大，不但以覆载为大，以高明为大，而且以其以无为之造化，化万物之自然，生而不自有，为而不自恃为大。君王之大，并不是以他有主宰国家之权位，也不是以其兵强国富，而是以他至大的心胸容量，能合天地之量；以其至

---

① 北京大学出土文献研究所：《北京大学藏西汉竹书》[贰]，161页，上海，上海古籍出版社，2012。

大的爱民厚德，合天地之大德，所以堪称大。以此观之，四大之名，古今不能去；四大之实，万代不能掩。

学道之人，果能尽性知命，存仁守义，以一己之心，尽万物之心；以一己之性，尽万民之性；以我之心，为天地之心；以我之性，为万物之性。天地虽大，我之心可与天地相合，同其为大。天地之心，即我之心，天地之大，即我心德之大，我与天地同体同用，岂能不成其大乎！

本章以拟人化的手法来歌颂"道"无私的品格。后半部分用辩证的观点来解释"道"的"大"与"小"，老子赞赏"道"的终不自为大，说明这才是"成其大"（使它成为伟大）的原因。本章中的拟人写法，背后隐含着老子对出现能以"道"治天下的"圣人"的期待。

马王堆帛书《老子》甲、乙本及北大汉简本最后一段均作"是以圣人之能成大也，以其不为大也，故能成大"，增加了"是以圣人之能成大也"一句，不知是否为后人所增，但放在这里可谓点题之笔。"大"和"小"本是一对矛盾体，但它又统一于"道"。"万物归焉而不为主"，是其所以为大的原因；而"常无欲"，则是其所以为小的原因。①

三十五章

【原文】

执大象，天下往[1]；往而不害，安平太[2]。乐与饵，过客止[3]。道之出口[4]，淡乎其无味。视之不足见，听之不足闻，用之不足既[5]。

【校注】

[1]执，掌握。郭店楚简本、北大汉简本作"埶"，传世本、汉帛书本作"执"，应读为"设"。北大汉简本原整理者云："'埶'、'设'皆属书母月部，古

---

① 汤漳平，王朝华：《老子》，128页，北京，中华书局，2014。

书常假'執'为'设','执'为'執'之讹。"①大象，代指道，道是"大象无形"(四十一章)的，是"无象之象"。

[2]安，于是，乃。太，通"泰"，安宁。

[3]饵，美食。过客，过路旅客。

[4]出口，傅奕本、汉帛书本、北大汉简本作"出言"。

[5]用之不足既，河上公本、汉帛书本作"用之不可既"。裘锡圭先生说："简文本句与他本(包括帛书本)有一个重要的不同之处，即开头无'用之'二字(今本有的无'之'字)，而有'而'字。这也许合乎《老子》原貌。'不可既'指道之内蕴不可穷尽。"

【译文】

执守大道，天下人都来归往。归往而不互相伤害，于是大家都平和安泰。音乐和美食，能让过路的人停步。而道的表述，却淡得没有味道，看也看不到，听也听不见，但使用它却不会穷尽。

【导读】

本章中老子由宇宙论引申到政治论。高亨说："道(宇宙本体)有三个特点：第一，它是视无形、听无声、言无味的大象；第二，宇宙万类都在用它，而用之不尽；第三，侯王能掌握它的规律，不加害于民，国家就能平安顺利。"②

"执"，即持守也；"大象"，喻道也。道无形无象，"大象"就是无极而太极，就是一。一是尚未分阴阳的统一体，以其无所不包，故为天下最大之象。所谓"天下往"，是说天下人都能执持大象之理，修之于身，齐之于家，治之于国，平之于天下；那样，天下就没有事不可调理，没有物不纯粹，没有矛盾不可化解。如此，则人与物息息相通，人与人真诚互爱，国与国和睦相处，天下安享太平。

---

① 北京大学出土文献研究所：《北京大学藏西汉竹书》[贰]，161页，上海，上海古籍出版社，2012。

② 高亨：《老子注译》，61页，北京，清华大学出版社，2010。

所谓"往而不害",是说圣人执大象行无为之道,治天下不劳民,不失政,不聚敛,不穷兵黩武,众生万物各归其性,天下归往大象(道),国安家宁,而致太平。能执大象治身心,则不害性命,性静而精神愉快,身安而健康长寿。这些都是"往而不害"之义。大象既往而不害,家国天下,自然安平康泰,人们乐享盛世。无所不安,无所不平,无所不泰者,皆是执大象之妙也。故曰"执大象,天下往;往而不害,安平太"。

"道之出口,淡乎其无味。视之不足见,听之不足闻,用之不足既"几句,是对"道"的性质的描述,它淡乎无味,又"不足见""不足闻",但作用却极大——"不足既",用也用不完。老子在此警诫那些执政者不要沉湎于声色美食,应该归附自然质朴的大道,以保持社会的安定与发展。

三十六章

【原文】

将欲歙之[1],必固张之[2];将欲弱之,必固强之;将欲废之,必固兴之[3];将欲夺之,必固与之[4],是谓微明[5]。柔弱胜刚强。鱼不可脱于渊,国之利器不可以示人[6]。

【校注】

[1]歙(xī),收缩,闭合。河上公本作"噏",傅奕本作"翕",汉帛书甲本作"拾",汉帛书乙本作"擒",北大汉简本作"欲",《韩非子·喻老》引作"翕",北大汉简本原整理者说:"皆当如想本、傅本读为'翕';《尔雅·释诂》:'翕,合也',《易·系辞上》:'其静也翕',韩康伯注:'翕,敛也',与'张'相对。"①

[2]固,必然,一定。

[3]兴,汉帛书本作"与",北大汉简本作"举"。高亨认为,与,借为举,《礼记·礼运》:"选贤与能。"与,即应读为"举"。废、举义相反。

---

① 北京大学出土文献研究所:《北京大学藏西汉竹书》[贰],162页,上海,上海古籍出版社,2012。

[4]与，汉帛书本、北大汉简本作"予"。

[5]微明，微妙而又明通。

[6]国之利器，治国的法宝。有不同的解释，一种认为是武器，一种认为是权道，一种认为是刑罚禁令，还有认为指圣知仁义等号称有利于国家的东西。此处应泛称治国的法宝。

【译文】

想要使它合上，一定要先让它张开；想要使它削弱，一定要先让它加强；想要让它废弃，一定要先让它兴举；想要将它夺取，一定要先暂且给予。这叫作微妙而又明通的道理。柔弱胜过刚强。鱼不能离开深渊，治国的法宝不可以随便耀示于人。

【导读】

对于本章的主旨，董平先生指出，基于对道的深邃领悟，老子要求把"反者，道之动"的本质原理转换到现实事物的处置之中，从而使自己在现实关系的对峙中立于不败之地。① 老子首先借助歙与张、弱与强、废与兴、夺与与四对概念说明事物的对立转化，揭示出"柔弱胜刚强"的道理。对这一哲理，老子还有不少论述，如四十三章云："天下之至柔，驰骋天下之至坚。无有入无间，吾是以知无为之有益。不言之教，无为之益，天下希及之。"又如七十八章云："天下莫柔弱于水，而攻坚强者莫之能胜，其无以易之。弱之胜强，柔之胜刚，天下莫不知，莫能行。"

"鱼不可脱于渊，国之利器不可以示人。"这实为对统治者的劝诫之言。陈鼓应先生指出，权势禁令都是凶利之器，不可用来耀示威吓人民。如果统治者只知道用严刑峻法来制裁人民，就是用利器示人了。这就是"刚强"的表现，而逞强恃暴是不会持久的。②

① 董平：《老子研读》，161页，北京，中华书局，2015。
② 陈鼓应：《老子注译及评介》（修订增补本），202页，北京，中华书局，2009。

第五节 《道德经》三十七至四十五章导读

三十七章

【原文】

道常无为而无不为[1]。侯王若能守之，万物将自化[2]。化而欲作[3]，吾将镇之以无名之朴[4]。无名之朴，夫亦将无欲。不欲以静，天下将自定。

【校注】

[1]道常无为而无不为，道经常不作为却又无所不为。汉帛书本作"道恒无名"，郭店楚简本作"道恒无为也"。高亨云：此句，帛书甲乙本均作"道恒无名"，不如此文意通畅。又此文为、化押韵，也胜于帛书。

[2]自化，自我化育，自生自长。

[3]欲作，贪欲产生。欲，生活中产生的欲望。

[4]镇，郭店楚简本作"贞"，正、安之意。无名之朴，指道的真朴。

【译文】

道经常不作为，却又无所不为。侯王如果能持守它，万物将会自我化育，自生自长。自生自化至贪欲产生时，我将用道的真朴来安定它。用道的真朴来安定它，就不会起贪欲。人们没有欲望，因而就能安静，天下将会自然安定。

【导读】

这一章是道经的最后一章。老子在这一章中提出了他的政治论，讲述他使民无欲的主张。物质生活逐步提高，本是人类的共同愿望。春秋时代，由于生产力的发展，人们的物质生活确实有了提高。但当时统治阶级占据绝大多数社会财富，过着奢侈享乐的生活，民众依然生活艰难。两极分化，造成社会动乱。统治者如能做到清静、真朴、没有贪欲、不奢靡，不任意扩张私人意欲，不骚扰民众，那平常百姓的生活自然可以获得安宁，社会就会获得安定。

本章以"道常无为而无不为"开头，紧接着就是"侯王若能守之，万物将自化"。老子希望治国者能够采纳他的理论，这样就能达到"天下将自定"的结果。本章中的"化而欲作，吾将镇之以无名之朴"，颇引起后人争议，甚至有人解释为老子要以武力来镇压民众。这实在是一种曲解。"无名之朴"指的是道，老子的意思是用道的理念来化解其贪欲之念。"镇"不可解释为镇压，而是使人安定的意思，与武力镇压无关。

本章提出理想的政治是上无为而民自化。

三十八章

【原文】

上德不德[1]，是以有德[2]；下德不失德[3]，是以无德。上德无为而无以为[4]，下德为之而有以为[5]。上仁为之而无以为，上义为之而有以为，上礼为之而莫之应[6]，则攘臂而扔之[7]。故失道而后德，失德而后仁，失仁而后义，失义而后礼。夫礼者，忠信之薄而乱之首[8]。前识者，道之华而愚之始[9]。是以大丈夫处其厚[10]，不居其薄；处其实，不居其华。故去彼取此[11]。

【校注】

[1]上德、下德，是对德的分等，上德是最高等、最完善的德。不德，不自居有德。

[2]有德，有真正的德。

[3]不失德，不失去德，意即拘执于德。

[4]上德无为而无以为，上德无所作为而又无心作为。汉帛书本同，傅奕本及《韩非子·解老》引文作"上德无为而无不为"。

[5]下德为之而有以为，下德有所作为而模拟造作。傅奕本作"下德为之而无以为"。汉帛书甲乙本均无此句，或以为乃后人妄增，今由北大汉简本知西

汉时已有这种说法。

[6]莫之应，没有人回应。

[7]攘臂而扔之，撸起袖子，伸出胳膊，强迫牵引人服从。攘臂，撸起袖子，伸出胳膊，形容激愤之状。扔，牵引。

[8]薄，衰薄。乱之首，祸乱的开端。

[9]前识，先见。华，花，与"实"对文，喻指虚浮不切实的东西。

[10]大丈夫，可体道的人，不同于体道的圣人。

[11]去彼取此，指去彼"薄"（衰薄）、"华"（虚华）而取此"厚"（敦厚）、"实"（朴实）。

【译文】

上德的人不自居有德，所以有真正的德。下德的人拘执于德，所以没有达到德的境界。上德之人无所作为而又无心作为，下德之人有所作为而模拟造作。上仁之人有所作为且出于无意，上义之人有所作为且出于有意，上礼之人有所作为而没有人回应，就会撸起袖子，伸出胳膊，强迫牵引人服从。所以说，失去了道之后就有了德，失去了德之后就有了仁，失去了仁之后就有了义，失去了义之后就有了礼。这礼是忠信衰薄的体现，是祸乱的开端。那些号称有先见的人提倡礼，都是道的皮毛，是愚昧的开始。因此大丈夫立身处世，应当自处于厚实的道与德的境地，而远离浇薄与虚华，所以舍弃那浇薄与虚华而选取这敦厚与朴实。

【导读】

《道德经》一书分为上、下两篇，传世本上篇一至三十七章为"道经"，下篇三十八至八十一章为"德经"。上篇阐述道的本旨，所以称为"道经"；下篇说明道的作用，所以称为"德经"。本章是德经的第一章，在传世本中列为第三十八章，而在汉帛书本中则列于卷首，相当于第一章。

陈鼓应云："本章立论的动机，实有感于人际关系愈来愈外在化，而自发自主的精神已逐渐消失，仅靠一些规范把人的思想行为定着在固定的形式中。"①

本章分论"道""德""仁""义""礼"。无形无迹的道显现于物或作用于物是为德。老子所崇尚的是"上德"，这是最高的德，是不以德为德、不自居有德的德。这样的德是道之德，是天道自然无为的精神体现，也就是十章所描述的"生而不有，为而不恃，长而不宰"的"玄德"。老子所反对的是"下德"，这"下德"是世俗所崇尚的德，具体表现为仁、义、礼，也包括本章中所说的"失道而后德"的"德"。"上德不德"，是无为之德，不自知有德，不自居有德，却成就了德的最高境界；"下德不失德"，是有为之德，以德自居，孜孜以求，却终归于"无德"。在老子的时代，礼已演为繁文缛节，拘锁人心，同时为争权者所盗用，成为剽窃名位的工具，所以老子抨击礼为"忠信之薄而乱之首"。仁、义、礼本身是世俗所崇奉的道德价值体系，但在老子看来，它们都是失道之后的产物，由于背弃了最高的德，于是每况愈下，丧失了德的精神。

面对春秋末期诸侯纷争、礼崩乐坏的动荡混乱的局面，面对残暴横行、民不堪命的黑暗现实，老子反对战争和暴力，反对一切凌驾于民众之上的统治意志，反对掠夺和压迫，反对一切束缚民众的法令和教条，并用带着反思与批判的目光审视与社会堕落密切相关而且日趋败坏的人文传统。这一殷周以来逐渐形成的以仁、义、礼为核心价值的人文传统，为孔子所代表的儒家所继承和弘扬，成为儒家"德治"的基本内容。孔子以仁和礼来规范德，老子以自然无为的道来规范德，从而超脱于世俗的政治伦理价值体系之外，显示出深远的思想境界。

三十九章

【原文】

昔之得一者[1]，天得一以清，地得一以宁，神得一以灵，谷得一以盈[2]，

---

①　陈鼓应：《老子注译及评介》（修订增补本），211页，北京，中华书局，2009。

万物得一以生[3]，侯王得一以为天下贞[4]。其致之[5]，天无以清将恐裂[6]，地无以宁将恐发[7]，神无以灵将恐歇[8]，谷无以盈将恐竭，万物无以生将恐灭[9]，侯王无以贵高将恐蹶[10]。故贵以贱为本，高以下为基。是以侯王自谓孤、寡、不毂[11]。此非以贱为本邪？非乎？故致数舆无舆[12]。不欲琭琭如玉，珞珞如石[13]。

【校注】

[1] 得一，即得道。

[2] 谷，河谷。盈，水满。

[3] 万物得一以生，传世本多有此句，汉帛书甲乙本皆无此句。

[4] 贞，汉帛书本及河上公本作"正"，二字古常通用。汉帛书乙本及多数传世本"正"上皆有"天下"二字，汉帛书甲本无。王念孙云："正，长也，君也。"

[5] 其致之，推而言之。

[6] 裂，崩裂。

[7] 发，各本皆同，应读为"废"，塌陷。

[8] 歇，消失。

[9] 万物无以生将恐灭，北大汉简本原整理者云："传世本多有'万物无以生将恐灭'一句，与上文'万物得一以生'相对应，帛书、严本无。"①

[10] 蹶，颠覆。

[11] 孤、寡、不毂，古代王侯自称的谦词。

[12] 舆，汉帛书甲本作"与"，傅奕本作"誉"。舆、与皆应读为誉。河上公本作"车"，上古"车""舆"二字常混用。

[13] 琭琭，形容玉的精美。珞珞，形容石的质朴。

【译文】

古来凡是得到一（得道）的：天得到一而清明，地得到一而宁静，神得到一

---

① 北京大学出土文献研究所：《北京大学藏西汉竹书》[贰]，124 页，上海，上海古籍出版社，2012。

而灵妙，河谷得到一而充盈，万物得到一而生长，侯王得到一而可以做天下的君长。推而言之，天不能保持清明，难免要崩裂；地不能保持宁静，难免要塌陷；神不能保持灵妙，难免要消失；河谷不能保持充盈，难免要枯竭；万物不能保持生长，难免要绝灭；侯王无休止地追求高贵，难免要颠覆。所以贵以贱为根本，高以下为基础。因此侯王自称孤、寡、不毂，这不就是把低贱看作根本吗？难道不是吗？所以追求过多的声誉就会失去声誉。因此有道之士不愿像玉那样精美，而宁可像石头一样质朴。

【导读】

"一"是数的开始，老子有时用"一"来指称作为万物统一根源的道。

本章的关键在于"一"的含义。"一"的含义十四章有比较明确的说明："视之不见名曰夷，听之不闻名曰希，搏之不得名曰微。此三者不可致诘，故混而为一。一者，其上不曒，其下不昧，绳绳不可名，复归于无物，是谓无状之状、无物之象。是谓惚恍。迎之不见其首，随之不见其后。执古之道，以御今之有，以知古始，是谓道纪。"谓视、听、搏皆是一端，不能知全体，故而要去其诸端，混而为一来"认知"这个全体，"一"是去诸端对全体的认识方式。认识的结果也可以称为"一"。"一者"以下就是去诸端而认识的结果，实际上就是对混然状态的认识。在万物未成的时候，混然可称为始；在万物已成的时候，混然可称为母。本章所说是万物已成的情况，即指母言。①

本章可以分为两段。前半段先说明道的作用，说明道是构成一切天地万物所不可或缺的要素，是万物存在的根据，是天地、神明、河谷以至于"侯王"赖以保全的依据；紧接着，便提出了告诫，指出物极必反、盛极而衰，天地、神明、河谷以至于侯王应当深藏若虚，如果一意自逞，就会走向毁灭。后半段是老子的政治论，重点讲侯王的得道，所以后半段提示侯王应体道的低贱之特性，就是说为政者要能处下、居后、谦卑。

本章前后两段所言都不离侯王，而且落实于侯王。可见老子虽言天地虚无

---

①　陈剑：《老子译注》，136~137 页，上海，上海古籍出版社，2016。

之道，却颇重人事。老子认为，民众是侯王的根本与基础，所以侯王在位应体察大道无为谦虚的精神，重视民众，自甘于处贱取下，要"珞珞如石"，具有石头一般质朴厚实的品格。

本章从天地、神明、河谷说起，然后归结到侯王，说明人事的得失成败确是老子属意之所在。从天地、神明、河谷到侯王，在不经意间，老子就把人事和天地、神明、河谷贯通起来，体现了道家囊括宇宙、混同万物的博大情怀。

四十章

【原文】

反者，道之动[1]；弱者[2]，道之用。天下万物生于有，有生于无[3]。

【校注】

[1]反，郭店楚简本作"返"。高亨说："反，借为返，去而复回为返，即循环。自然界日月的运行，春夏秋冬的更替，都是往来循环，老子认为这就是道的运动。"

[2]弱，柔弱。

[3]万物，傅奕本、郭店楚简本、汉帛书本作"之物"，又王弼注云"天下之物皆以有为生"，可知王注本原文可能亦作"之物"。有，指天地，天地由无形的道产生。无，指道，道是无形体的。

【译文】

道的运动是循环的，道的作用是柔弱的。天下万物生于有形体的天地，有形体的天地生于无形体的道。

【导读】

本章是承上章而来的，文意相连，可以合观。本章虽短，却是《道德经》一书中很重要的一章。"反者，道之动"，指出作为本体的道，其运动的基本特征是回环往复。这个"反"字，历来有不同的解释，有人解为相反、正反，有人解为返回、复返。从《道德经》全书的用词及思想来源来看，应当是后一种意思，即复返。朱谦之云："反即复也。故老子曰：'万物并作，吾以观其复。夫物云云，各复归其根，归根曰静，静曰复命。'又曰：'复归于婴儿'，'复归于无极'，'复归于朴'，此复之即返而归之也。'大曰逝，逝曰远，远曰反'，此待其远而后反也。反自是动，不动则无所谓反，故曰：'反者道之动。'反自是逆，逆而后顺，故曰：'玄德深矣远矣，与物反矣，然后乃至大顺。'"①

"弱者，道之用"，说明道的作用是柔弱的。道本是清静无为的，故能"绵绵若存，用之不勤"（六章）。它作用于万物永不穷竭，却并不声张；它自隐于万物之中，若有若无，虽有造化之功却不显现它的意志和力量。"生之，畜之，生而不有，为而不恃，长而不宰，是谓玄德"（十章），体现出大道深广无私的德性。

"天下万物生于有"，这"有"是超于万物之上、化生万物的"有"。但"有"尚不足以为"天下万物"的本原，这"有"生于"无"，只有这个"无"才是真正原始的存在，是绝对的，是本原。《道德经》十一章举车、器、室的例子，说明如果没有"空"和"无"，那么"有"的作用也就不可能发挥出来。

四十一章

【原文】

上士闻道，勤而行之[1]；中士闻道，若存若亡；下士闻道，大笑之。不笑不足以为道。故建言有之[2]：明道若昧，进道若退，夷道若纇[3]；上德若谷，大白若辱[4]，广德若不足，建德若偷[5]，质真若渝[6]；大方无隅，大器晚成[7]，大音希声[8]，大象无形。道隐无名[9]，夫唯道善贷且成。

【校注】

[1]勤，汉帛书乙本、北大汉简本作"董"，读为"勤"。"勤而行之"，汉帛

---

① 朱谦之：《老子校释》，165页，北京，中华书局，1984。

书乙本作"勤能行之"；郭店楚简本作"董能行于其中"，文句相差较大。

　　[2]建言，即立言。

　　[3]夷道若纇(lèi)，平坦的道像是曲折不平的。夷道，平坦的道。纇，不平，本义为丝线上的结，丝线有结则不平顺，故引申为不平之意。

　　[4]白，指德行高洁。辱，通"黸"，黑垢也。

　　[5]建德若偷，刚健的德好像懈怠的样子。建，通"健"。偷，偷惰，懈怠。

　　[6]渝，变。

　　[7]隅，边角。晚，郭店楚简本作"曼"，汉帛书乙本作"免"，北大汉简本作"勉"。北大汉简本原整理者认为"曼""免""勉"皆应读为"晚"。①

　　[8]希声，无声。

　　[9]道隐无名，道盛大而没有名称。隐，通"殷"，意为盛大、深广。北大汉简本此句即作"道殷无名"。朱骏声《说文通训定声》云："隐，假借为殷。"

【译文】

　　上士听了道，努力去实行；中士听了道，好像听进去，又好像没听进去；下士听了道，就放声大笑。不被嘲笑，也就不足以称作道了。所以古时有人说过这样的话：光明的道像是暗昧的，前进的道像是后退的，平坦的道像是曲折不平的；崇高的德好似川谷，高洁的德好似有污垢，广大的德性像是有所不足，刚健的德好像懈怠的样子，质性纯真好像随物变化的样子；最方正的好似没有棱角，贵重的器物总是晚些才能完成，高妙的音乐很少有声，最大的形象反而看不见形迹。道盛大而没有名称。只有道，善于施与且善于成就。

【导读】

　　在本章中，老子运用朴素的辩证观点来论述他的道德观。道隐奥难见，它所呈现的特性是异常的，以致普通人听了不易体会。自"明道若昧"至"质真若

　　① 北京大学出土文献研究所：《北京大学藏西汉竹书》[贰]，125页，上海，上海古籍出版社，2012。

渝"各句，说明了道德的深邃、内敛、冲虚、含藏。它的显现，不是外炫的，而是返照的，所以不易为一般人所觉察。"大音希声""大象无形"，即比喻大道幽隐未现，不可以形体求见。比如"道"的实质是"明""进""夷"，而现象好像是"昧""退""颣"。德的实质是"上""广""健""白""方"，而现象好像是"谷""不足""偷""辱""无隅"。

老子借前人的话对"道隐无名"的情形做了一番描述。从"明道若昧"至"质真若渝"一节，主要形容道德深藏不露的特征。深藏不露到了极点，就表现得与"道德"的本性仿佛相反。道德之所以能深藏不露，那是因为它原本深不可测，具有化育万物、含藏天地的伟大器量。从"大方无隅"至"大象无形"一节，更进一步描述了大道超越于现象世界以及一切规定性之上的特征。实际上，老子这里所说的"大方""大器""大音""大象"，已非寻常的"方""器""音""象"，而是大道的"化身"。

荀子曾批评庄子"蔽于天而不知人"，但确实指出了道家对天道的重视。老庄所言，往往超脱了日常现实生活，包含了对天道自然以及存在本身的沉思冥想。老子指出了宇宙的形成过程是道生天地，天地生万物。

四十二章

【原文】

道生一，一生二，二生三，三生万物[1]。万物负阴而抱阳，冲气以为和[2]。人之所恶，唯孤、寡、不穀，而王公以为称[3]。故物，或损之而益，或益之而损[4]。人之所教，我亦教之[5]。强梁者不得其死，吾当以为教父[6]。

【校注】

[1]道生一，一生二，二生三，三生万物：独立无偶的道，是一个混沌未分的统一体，它产生天地，天地产生阴阳之气，阴阳两气相交而形成各种新生体。陈鼓应云："历代解《老》者，对于这一章的解释众说纷纭，但多用汉以后的观念作解。例如，以'元气'解释'一'，以天地或阴阳解释'二'，以及用'和

气'来解释'三'，这样来说明万物生成过程当然较为清晰，但'元气'与'和气'都是汉人习用之词（以天地所出的'阴阳'来解释万物的生成，则较早见于《庄子》）。"

[2]负阴而抱阳，背阴而向阳。冲气以为和，阴阳二气相互激荡而达成和谐。冲，交冲，激荡。

[3]以为称，以之为自称。傅奕本作"自称"，汉帛书甲本作"自名"，北大汉简本作"自命"。北大汉简本原整理者说："凡帛书及传世本义为'命名'之'名'字，汉简本皆作'命'。"①

[4]损，减损。益，增益。

[5]北大汉简本原整理者注曰："帛甲此句作'故人[之所]教，夕（亦）议（我）而教人'，王本、河本作'人之所教，我亦教之'，……傅本作'人之所以教我，亦我之所以教人'。傅本文义晓畅，最接近简帛本原意。"②

[6]强梁者不得其死，强暴的人不得好死。强梁，强暴。不得其死，指不得其所而死，不得善终，犹如后世晋词"不得好死"。教父，教之起始。傅奕本、汉帛书甲本、北大汉简本作"学父"，传世本多作"教父"，"教""学"古常通用，"学"当读为"教"。

【译文】

独立无偶的道，是一个混沌未分的统一体，它产生天地，天地产生阴阳之气，阴阳两气相交而形成各种新生体。万物背阴而向阳，阴阳二气相互激荡而达成和谐。人们所厌恶的，是孤、寡、不穀，而王公却用来称呼自己。所以对于事物而言，有时减损它反而使它得到增益，有时增益它反而使它减损。别人教导我的，我也拿来教导别人。强暴的人不得好死，我把它当作首先教授的内容。

---

① 北京大学出土文献研究所：《北京大学藏西汉竹书》[贰]，126页，上海，上海古籍出版社，2012。

② 北京大学出土文献研究所：《北京大学藏西汉竹书》[贰]，126页，上海，上海古籍出版社，2012。

【导读】

本章前段和后段论述的内容不同，前段是老子的宇宙论，后段是老子的人生论。前者和后者是相辅相成的，他强调后者，正是为了突出前者。

冯友兰说，《老子》说"道生一，一生二，二生三，三生万物。万物负阴而抱阳，冲气以为和"。这里说的有三种气：冲气、阴气、阳气。他认为所谓冲气就是一，阴阳是二，三在先秦是多数的意思。二生三就是说，有了阴阳，很多的东西就生出来了。那么冲气究竟是哪一种气呢？照后来《淮南子》所讲的宇宙发生的程序说，在还没有天地的时候，有一种混沌未分的气，后来这种气起了分化，轻清的气上浮为天，重浊的气下沉为地，这就是天地之始。轻清的气就是阳气，重浊的气就是阴气。在阴阳二气开始分化而还没有完全分化的时候，在这种情况中的气就叫作冲气。"冲"是道的一种性质，"道冲而用之或不盈"（四章）。①

老子认为道是宇宙的本体，产生了天地，天地产生了阴气、阳气、和气，三气产生了万物，即"道生一，一生二，二生三，三生万物"。日月星辰的运行，昼夜四时的更替，风雨雷电霜雪水火的变化，人类鸟兽虫鱼草木的活动，都是道的作用。

后段为老子的人生论。老子认为事物损益的现象是相互转化的，谦虚自贬反而有益，强梁自逞反而招祸。《论语》中有两处提及"不得其死"：其一，《论语·先进》："闵子侍侧，訚訚如也；子路，行行如也；冉有、子贡，侃侃如也。子乐。'若由也，不得其死然。'"其二，《论语·宪问》："南宫适问于孔子曰：'羿善射，奡荡舟，俱不得其死然。禹稷躬稼而有天下。'夫子不答。"《论语》中的文句可以深化我们对老子"强梁者不得其死"这句话的理解。

---

① 冯友兰：《关于老子哲学的两个问题》，见《老子哲学讨论集》，61 页，北京，中华书局，1959。

四十三章

【原文】

天下之至柔，驰骋天下之至坚[1]。无有入无间[2]，吾是以知无为之有益。不言之教，无为之益，天下希及之[3]。

【校注】

[1]驰骋，本义是指马奔驰，随意地到处奔跑，引申之，陈剑引成玄英言："是攻击贯穿之义也。"

[2]无有入无间，无形的力量能穿透没有间隙的东西。无有，指不见形象的东西。无间，没有间隙。

[3]希，傅奕本作"稀"，稀少。

【译文】

天下最柔弱的东西，可以贯穿天下最坚硬的事物。无形的力量能穿透没有间隙的东西，我因此知道无为是有益的。不用言语的教导，无为的益处，天下很少有能做到的。

【导读】

本章是老子的人生论兼政治论。在人生方面，他提出贵柔的主张，"天下之至柔，驰骋天下之至坚"。在政治方面，他提出无为的主张，即"不言之教""无为之益"。

柔弱虚无，是道的基本德性。柔弱而至于"至柔"，虚无而至于"无有"，正是道的显现。老子强调"柔弱"的作用与"无为"的效果，在老子看来，只有无形无影的道才具有穿透万物的强大力量。

"天下之至柔，驰骋天下之至坚"，与七十八章"天下莫柔弱于水，而攻坚强者莫之能胜"的意思差不多，所以有人说"天下之至柔"指水。老子虽然喜欢以有形的水来比喻无形的道，但这里所谓的"至柔"（以及下文的"无有"）只是对道抽象的指称，不宜落实为具体的"水"，不能把不同语境中的表述混淆在一起；况且能"驰骋天下之至坚"，而又能入于"无间"的"至柔""无有"之物，也显然不是有形质的水。

总而言之，本章重申了"柔弱胜刚强"（三十六章）的道理，强调了无为之为，是老子思想的重要体现。"柔弱"是万物具有生命力的表现，也是真正有力量的象征。我们如果深层次地去考虑问题，就会发现老子要突出的是事物转化的必然性。他并非一味要人"守柔""不争"，而是认为"天下之至柔，驰骋天下之至坚"，即柔弱是可以战胜刚强的。

四十四章

【原文】

名与身孰亲[1]？身与货孰多[2]？得与亡孰病[3]？是故甚爱必大费，多藏必厚亡[4]。知足不辱，知止不殆，可以长久。

【校注】

[1]亲，重要。

[2]多，重，贵重。

[3]病，高亨云："犹害也。"

[4]爱，爱惜，吝惜。费，耗费，损耗。多藏必厚亡，丰厚的藏货必定会招致惨重的损失。

【译文】

名声和生命哪一个更重要？生命和财货哪一个更贵重？得到和失去哪一个更有害？因此，过度的吝惜必定有重大的耗费，丰厚的藏货必定会招致惨重的损失。知道满足就不会受辱，知道适可而止就不会有危险，这样才可以保持长久。

【导读】

本章是老子的人生论，着重讲述正确处理身与名、货的关系，指出贪求名利的弊害，告诫世人只有知足知止，方能免遭屈辱，避祸全生。老子认为，常人多轻身而徇名利，贪得而不顾危亡。于是他唤醒世人要珍爱生命，不可为名利而不顾身。他提出了三个规律性的论点：第一，身体比名誉和钱财更可贵；第二，无节制地聚敛财货，舍不得支出消费，将导致重大耗费，甚至全部失去；第三，知足和知止，才能避免陷于灾难①。

"名与身孰亲？身与货孰多？得与亡孰病？"三个连续的问句是提出问题，"甚爱必大费，多藏必厚亡"是回答。世间得失相因，祸福相生。贪求名利，转眼成空，最是常见之事。至于欲壑难填，就更是人生祸患的根源：轻则取辱，重则亡身。老子所告诫的对象往往是统治集团，对于那些贪得无厌的统治者来说，他的话确实是戳中了要害。

名与利，是人情之大欲。名利不但羁绊人心，而且使人着魔，使人为之颠狂，甚至不惜以身相殉。也许是出于对人生世相的体察和悲悯，老子的意思倒不是要求人们彻底断绝对名利的追求，而是要人"知足""知止"，不过分贪求。

总之，老子的"知足不辱，知止不殆"，实是"警世恒言"，值得我们学习和借鉴。老子的"得与亡孰病"是教人不可贪得无厌，因为得失相因，有时候获得也许会招致灾祸，失去反而可能是好事。

四十五章

【原文】

大成若缺，其用不弊[1]。大盈若冲，其用不穷。大直若屈，大巧若拙，大辩若讷[2]。躁胜寒，静胜热，清静为天下正[3]。

---

① 高亨：《老子注译》，77 页，北京，清华大学出版社，2010。

【校注】

[1]大成，最完满的状态。成，全，完满。弊，穷乏，衰竭。郭店楚简本作"米"，汉帛书甲本作"幣"，北大汉简本作"敝"，皆应读为"敝"。

[2]屈，曲也。大辩若讷，郭店楚简本无此句，汉帛书甲本作"大赢如炳"，北大汉简本作"大盛如绌"。北大汉简本原整理者认为，传世本"大辩若讷"一句，可能出自与简帛本并存的另一版本系统。① 辩，能言，有口才。讷，口不能言，不善于说话。

[3]躁胜寒，静胜热：疾动可以御寒，安静可以耐热。正，君长。

【译文】

最完满的状态好像有欠缺一样，但它的作用是不会衰竭的。最充盈的状态好像空虚一样，但它的作用是不会穷尽的。最正直的东西好像是弯曲一样，最灵巧的东西好像是笨拙一样，最卓越的口才好像是口讷一样。疾动可以御寒，安静可以耐热，清静无为才能做天下的君长。

【导读】

本章内容体现了老子朴素的辩证观点。前面几句应当看作对道的描述，可与四十一章并为一章。道具有"大成""大盈""大直""大巧"的品格，尽善尽美，而且作用无穷，然而道的表现却如有不足，是"若缺""若冲""若屈""若拙"。这些表现是"大成""大盈""大直""大巧"的自然显示，所以大道之深藏不露与世人之故弄玄虚而表现出来的"深藏不露"大有不同，一则出于自然，一则出于造作，可以说有本质的区别。四章所说的"道冲而用之或不盈"，六章所说的大道"緜緜若存，用之不勤"，与这里所说的"大成若缺，其用不弊""大盈若冲，其用无穷"的意思也是一样的，都说明大道柔弱谦虚而作用无穷，具有永不枯竭的创造力。

---

① 北京大学出土文献研究所：《北京大学藏西汉竹书》[贰]，127 页，上海，上海古籍出版社，2012。

本章"大辩若讷"一句，常常被看成对人格修养的描述。后几句，由大道深藏若虚而作用无穷推及人事，认为"清静"是天下的典范，是治理天下的根本和正道。老子所说的"清静"是和"无为""无欲"结合在一起的。

总之，有道家修养的人，其言论行为的实质就是"大成""大盈""大直""大巧""大辩"，而表现出来就像是"缺""冲""屈""拙""讷"。从社会政治角度来看，统治者只有采用"清静"的政治主张，才能取得无为而治的效果。

第六节 《道德经》四十六至五十四章导读

四十六章

【原文】

天下有道，却走马以粪[1]；天下无道，戎马生于郊[2]。祸莫大于不知足，咎莫大于欲得[3]。故知足之足，常足矣[4]。

【校注】

[1]却，退下来。走马，奔跑的马，此指战马。粪，谓播种耕田。

[2]戎马，战马。郊，指战场。战场上产马驹，形容战事频繁。

[3]在"祸"字之前，帛书及多数传世本均有"罪莫大于可欲"一句，王弼本无此句，应为脱漏。大，傅奕本、汉帛书甲本及《韩非子·喻老》引作"憯"，读为"惨"。

[4]知足之足，常足矣：知道满足的这种满足，就永远满足了。

【译文】

国家政治清明，把善跑的战马退下来耕作；国家政治昏暗，战争频繁，小马在战场上出生。没有比不知足更大的祸患，没有比贪心更惨的灾殃。所以知道满足的这种满足，就永远满足了。

【导读】

本章说明战争之起，在于欲望；控制欲望，在于知足。老子生活的时代正是诸侯混战、兵祸连绵的春秋时期。他反对战争，反对统治者贪欲泛滥。他认为天下是否有"道"，决定了是否会发生战乱。"天下有道，却走马以粪；天下无道，戎马生于郊"，即天下"有道"就没有战争，"无道"则战乱频发。——古时母马不参战，由于连年战争，征用马匹太多，公马不够用，连怀胎的母马也被征用，以致母马在战场上产驹。他所谓"有道"，是指人类恢复自然状态，回到原始社会的情景，在他看来，这样就会减少战争，"虽有甲兵，无所陈之"（八十章）。

战争是大规模的社会暴力行为。在战争中，民众是最大的和最直接的受害者。一方面，老子认为大兴兵革是"天下无道"的表现，统治者的贪欲是引起战争的根本原因。"欲得""不知足"其实是一个意思，指的就是贪欲，一个意思分两句话，只是为了加重其辞，强调贪欲为害之甚。只有"知足之足"才是永远的满足，永远的满足就是真正的富足。另一方面，老子强烈反对非正义的战争，指责大国统治者是战争的罪魁祸首。

三十章亦云："师之所处，荆棘生焉。大军之后，必有凶年。"老子希望统治者不要因个人的贪欲而随便发动战争。他的话语，从哲学的高度论述了战争对社会生产生活的巨大破坏，也包含了对民生疾苦的关心和对人民的同情。

四十七章

【原文】

不出户，知天下。不窥牖，见天道[1]。其出弥远，其知弥少[2]。是以圣人不行而知，不见而名[3]，不为而成[4]。

【校注】

[1]不窥牖（yǒu），见天道：不望窗外，能了解自然的法则。窥，看。牖，

窗户。见，汉帛书本、北大汉简本作"知"。天道，自然的规律。

[2]弥，更加，越。

[3]名，称说。

[4]不为，即无为。

【译文】

不出门，能够知道天下的事。不望窗外，能了解自然的法则。走出去越远，知晓的越少。所以圣人不出行就可以知晓事物，不用亲眼看见就可以称说事物，无所作为就可以有所成就。

【导读】

这一章主要谈的是哲学上的认识论，是讲认识事物的方法。老子认为，一个人坐在家里，就能认识宇宙一切事物；走出去越远，就认识越少。这里的基本观点是，在认识上纯凭感觉经验是靠不住的，因为这样做无法深入事物的内部，不能认识事物的全体，而且还会扰乱人的心灵；要认识事物就只有靠内在的自省，下功夫自我修养，才能领悟"天道"，知晓天下万物的变化发展规律。对此，学术界在讨论老子哲学的认识论时，有人认为老子是彻头彻尾的唯心主义先验论者，有人则认为老子并不轻视实践所获取的感性知识，只是夸大了理性认识的作用。

这种否定观察外界、脱离实践的认识方法，有人认为是唯心论，应该有所批判。但陈鼓应在《老子注译及评介》中认为："老子认为世界上一切事物都依循着某种规律运行着，掌握着这种规律（或原则），当可洞察事物的真情实况。他认为心灵的深处是透明的，好像一面镜子，这种本明的智慧，上面蒙着一层如灰尘般的情欲（情欲活动受到外界的诱发就会趋于频繁）。老子认为我们应透过自我修养的功夫，作内观返照，净化欲念，清除心灵的蔽障，以本明的智慧，虚静的心境，去览照外物，去了解外物和外物运行的规律。"

四十八章

【原文】

为学日益，为道日损[1]。损之又损，以至于无为。无为而无不为[2]。取天下常以无事[3]，及其有事[4]，不足以取天下。

【校注】

[1]为学日益，为道日损：治学是一天比一天增加知识，修道是一天比一天减少欲望。为学，治学，是指探求外物的知识活动。为道，学道，是通过冥想或体验以领悟事物未分化状态的"道"。汉帛书乙本作"闻道者日损"。

[2]无为而无不为，不妄为，就没有什么事情是做不成的。

[3]取，取得，这里是治理的意思。无事，也就是无为。

[4]及其有事，等到多事有为。及，至。此处有假设的意思。

【译文】

治学是一天比一天增加知识，修道是一天比一天减少欲望。减损又减损，一直到无为的境地。达到了无为就没有什么是做不成的了。只有以无为的方法才能治理天下，如果有为，就不足以治理天下了。

【导读】

这一章涉及老子的政治论，主要探讨"为学"和"为道"的问题。他先讲"为学"。"为学"是求外在的经验知识，经验知识越积累越多。老子轻视外在的经验知识，认为这种知识掌握得越多，私欲妄见也就层出不穷。"为道"和"为学"不同，它透过直观体悟以把握事物未分化的状态或内索自身虚静的心境；它不断地除去私欲妄见，使人日渐返璞归真，最终可以达到"无为"的境地。这一章所讲的"为学"是反映"政教礼乐之学"，老子认为它足以产生机智巧变。只有"清静无为"，没有私欲妄见的人才可以治理国家。因而，老子希望人们走"为道"的路子。

　　"为学日益，为道日损"两句是本章的关键，表达了老子在认识论上与众不同的看法。"为学"用"加法"，日积月累，知识逐渐增多。"为道"用"减法"，随着对"道"的把握、体悟越来越深，体"道"者提炼升华，删繁就简，终于彻悟大道易简之理，最后所掌握的大道之精髓，不过是那么一点发自内心的感悟和认知。犹如七十章所说："吾言甚易知，甚易行。"就此而言，老子的意思与西方现象学"回归到事物的本身"的说法，倒是颇有相通之处。陈鼓应《老子今注今译》中说："'为学'是求外在的经验知识，经验知识愈累积愈增多。'为道'是摒除偏执妄见、开阔心胸视野以把握事物的本根，提升主体的精神境界。'为道'在于探讨事物的本根，尤在提升人的精神境界。当今哲学的工作，既需'为学'，尤要'为道'。"

四十九章

【原文】

　　圣人无常心[1]，以百姓心为心。善者，吾善之；不善者，吾亦善之，德善[2]。信者，吾信之；不信者，吾亦信之，德信。圣人在天下歙歙，为天下浑其心[3]。[百姓皆注其耳目焉][4]，圣人皆孩之[5]。

【校注】

　　[1]无常心，汉帛书乙本、北大汉简本作"恒无心"。

　　[2]德，通"得"，下"德信"之"德"同。

　　[3]歙歙，陈鼓应认为"歙"应当作"收敛"解，指收敛主观的意欲。浑其心，使人心化归浑朴。

　　[4]此句，王弼本无，河上公本、傅奕本、汉帛书本、北大汉简本均有，今据补。

　　[5]孩，傅奕本作"咳"，北大汉简本作"晐"，北大汉简本原整理者认为，

皆当如王本读为"孩"，义为"以之为婴孩"或"使之回归婴孩"①。二十八章"复归于婴儿"是也。高亨云："另一说：孩、咳均借为阂。《说文》：'阂，外闭也。'阂之，掩闭百姓的耳目。"②亦可通。

【译文】

圣人没有主观成见，而是以百姓的心作为自己的心。善良的人，我善待他；不善良的人，我也善待他，这样最终就得到了善。守信的人，我信任他；不守信的人，我也信任他，这样最终就得到了诚信。圣人治理天下，收敛自己的主观成见与意欲，使天下之人心化归浑朴。百姓皆专注于耳目之视听，圣人皆掩闭百姓的耳目，使之复归纯朴。

【导读】

这一章表达了老子的政治思想，阐明了圣人之治，指出圣人治理天下，以百姓之心为心，使民众自由自在，归于浑朴。从这一章可以看出，老子主张弱化统治者的统治，实现无为而治。

本章从文字和内容上看，都是紧接前一章进行深入分析论证的。圣人是老子理想中的执政者。老子认为，理想的执政者没有私心，以百姓之心为心，使人人守信、向善。老子把以"道"治天下的希望寄托在圣人身上。在圣人的治理下，人人都回复到如婴儿般纯真的状态，以长养自己。

道家圣人就要混一百姓之德，使百姓都归心于善良诚实。圣人能够恰当地收敛自己的心欲，不放纵自己，不与民争利，不以自己的主观意志胡作妄为。他治理国家往往表现出浑噩质朴的特征。对于注目而视、倾耳而听，各用聪明才智甚至机心巧诈的老百姓，圣人要使他们回归到如婴儿般无知无欲的纯真状态。这体道的圣人，是老子理想中的统治者，这在前面几章里已经多次提到过。

---

① 北京大学出土文献研究所：《北京大学藏西汉竹书》[贰]，128 页，上海，上海古籍出版社，2012。

② 高亨：《老子注译》，82 页，北京，清华大学出版社，2010。

正如张松如《老子说解》中所说："老子是站在什么立场来说话？岂不显然是站在封建统治者的立场吗？不是的，这道理我们已经一再指出过了。他是作为农业小生产者即小农阶层愿望的表达者来发言的。"①

五十章

【原文】

出生入死[1]。生之徒十有三，死之徒十有三。人之生[2]，动之死地，亦十有三。夫何故？以其生生之厚[3]。盖闻善摄生者，陆行不遇兕虎，入军不被甲兵[4]，兕无所投其角，虎无所措其爪[5]，兵无所容其刃。夫何故？以其无死地[6]。

【校注】

[1]出生入死，即出入生死，指人从出生到死亡的过程，始终介于生死之际，也就是说生命很容易就走向死亡了。后引申指冒着极大危险，随时有死的可能。

[2]人之生，傅奕本作"民之生生而动"，汉帛书本作"而民生生"，北大汉简本作"而民姓生焉"，王弼本应脱一"生"字。陈剑云："前生字为意动用法，以……为生，后生字指生命。"

[3]生生之厚，传世本多作"生生之厚"，汉帛书本作"生生"，北大汉简本作"姓生"，此二本皆无"之厚"二字。王朝华云："此二字盖为后人所补，或为使原文意思更明确，而据七十五章'求生之厚'句补。"

[4]摄生，养生。陆，汉帛书本、北大汉简本作"陵"，北大汉简本原整理者认为，"陆"当为"陵"之误，指山地②。遇，汉帛书乙本作"辟"，通"避"，北大汉简本作"避"；北大汉简本原整理者说："'不避'乃积极的'不躲避'，较消

① 张松如：《老子说解》，318页，济南，齐鲁书社，1987。
② 北京大学出土文献研究所：《北京大学藏西汉竹书》[贰]，129页，上海，上海古籍出版社，2012。

极的'不遇'更符合本章文义。"①兕（sì），犀牛。

　　[5]措，置。

　　[6]无死地，没有可以致死的地方。

【译文】

　　人生在世，从出生那时起就始终介于生死之际，随时有死亡的危险。属于长寿的，占十分之三；属于短命的，占十分之三；人过分地自重生命，胡作妄为而走向死路的，也占了十分之三。为什么会这样呢？是因为他们过分地自重生命。听说善于养护生命的人，在山地行走不躲避犀牛、老虎，进入军队不装备防卫的武器。犀牛用不上它的角，老虎用不上它的爪子，兵器用不上它的锋刃。这是什么原因呢？因为善于养生的人身上没有可以致死的地方。

【导读】

　　这一章主要讲养生之道。一种人因营养过剩、骄奢淫逸而短命；另一种人因行动不慎而死亡。老子认为，人生在世，应善于避害，以保全生命。他注意到人为因素对生命的影响，要求人们不要靠争夺来保养自己，而要以清静无为的态度远离死地。任继愈《老子新译》中说："老子看来，这个世界到处埋伏着危险，生命随时受到威胁。他主张要处处小心，不要进入危险范围，只有无所作为，才最安全、最足以保全性命。"②

　　老子生逢乱世，看到人生危机四伏，生命安全随时随地受到威胁，因此主张不要靠战争、抢夺来保护自己，不要以奢侈的生活方式来营养自己，而要清静无为、恪守循"道"而行的原则。个人不妄为，不伤害别人，别人也找不到对他下手的机会，这就可以排除造成人们寿命短的人为因素。老子以本章文字对人们进行劝诫，希望人们能够做到少私寡欲、清静质朴、纯任自然。

---

　　①　北京大学出土文献研究所：《北京大学藏西汉竹书》[贰]，129页，上海，上海古籍出版社，2012。

　　②　任继愈：《老子新译》（修订本），167页，上海，上海古籍出版社，1985。

五十一章

【原文】

道生之，德畜之，物形之，势成之[1]。是以万物莫不尊道而贵德。道之尊，德之贵，夫莫之命而常自然[2]。故道生之，德畜之[3]。长之育之，亭之毒之[4]，养之覆之[5]。生而不有，为而不恃，长而不宰，是谓玄德。

【校注】

[1]德，道的性能。畜，畜养。物形之，物成其形。势，环境，汉帛书本作"器"。

[2]命，河上公本亦作"命"，傅奕本、汉帛书本、北大汉简本作"爵"，北大汉简本原整理者认为：古者授爵必以命，"爵命"常连言，故二字可互用。① 爵，封爵。

[3]道生之，德畜之：汉帛书本、北大汉简本均无此"德"字，作"道生之畜之"。若依汉帛书本，则此句连下文为"道生之畜之，长之育之，亭之毒之；养之覆之"，文气顺畅，一意贯通，是形容道之生养万物。

[4]河上公本"亭"作"成"，"毒"作"孰"，读为"熟"。高亨认为，亭读为成，毒读为熟。

[5]养，养育。覆，覆盖，保护。

【译文】

道生成万物，德畜养万物，万物呈现各种形态，环境使各物成长。所以万物没有不尊崇道而珍视德的。道德的尊贵，不是谁封爵给予的，而是自然而然得到的。所以道生成万物，德畜养万物，长育万物，成熟万物，养护万物。万物生了而圣人不据为己有，万物活动而圣人不去掌握控制，万物长了而圣人不

---

① 北京大学出土文献研究所：《北京大学藏西汉竹书》[贰]，129 页，上海，上海古籍出版社，2012。

做主宰，这叫作玄妙的德行。

【导读】

这一章论道的德性和功能。这一章以"道生之，德畜之，物形之，势成之"开头，引出了"道"和"德"；后面紧接着着重讲"德"的作用，可以看作三十八章的继续。老子在这一章里再一次发挥了"道"以"无为"的方式生养万物的思想。这一章里的"玄德"即"上德"。老子认为，"道"生长万物，"德"养育万物，但"道"和"德"并不干涉万物的生长繁衍，而是顺其自然。"德"是"道"的化身，是"道"在人世间的具体作用。万物成长的过程是，第一，万物由"道"产生；第二，"道"生万物之后，又内在于万物，成为万物各自的本性；第三，万物依据各自的本性而发展成个别独特的存在；第四，周围环境的培养，使万物各自生长成熟。①

道是万物存在的根源和依据，具有化生万物的功能，却又不占有万物，不主宰万物，不自恃有功，这双重性便是道的德性和功能，也是道的可贵之处。道创造万物之后完全因任自然，无为而治。放任万物自生自为，体现了道的自发性。

总之，这一章涵盖了老子道能产生天地，天地又产生万物、养育万物、覆盖万物的思想，也表现了道的无私。德畜，物形，势成，归根结底仍是"道"的作用。

五十二章

【原文】

天下有始，以为天下母[1]。既得其母，以知其子[2]；既知其子，复守其母，没身不殆[3]。塞其兑，闭其门，终身不勤[4]。开其兑，济其事[5]，终身不救。见小曰明[6]，守柔曰强。用其光，复归其明，无遗身殃，是为习常[7]。

---

① 陈鼓应：《老子今注今译》（参照简帛本最新修订版），263 页，北京，商务印书馆，2016。

【校注】

[1]始，指万物未分时的混然状态。母，根源。

[2]子，指万物。

[3]没身，一直到身死，意即终身。殆，危险。

[4]兑，孔穴，指耳目口鼻，在本章中与下文"门"字含义相近。王弼注云："兑，事欲之所由生。门，事欲之所由从也。"勤，劳苦。

[5]济，助成。

[6]见小曰明，能察见细微的，才是"明"。

[7]用其光，复归其明："光"是向外照耀的，"明"是向内透亮的。遗，招致。殃，灾祸。习，通"袭"，承袭。

【译文】

天下万物都有本始，这本始是天下万物的根源。如果得到了根源，就能认识万物；如果认识了万物，又持守着万物的根源，那么终身都没有危险。堵住嗜欲的孔穴，闭起嗜欲的门径，终身都没有劳苦之事。打开嗜欲的孔穴，增益事端，就终身不可救药。能察见细微的叫作"明"，能持守柔弱的叫作"强"。运用智慧的光，返照内在的明，不给自身带来灾祸，这就称得上因循承袭万物的常理。

【导读】

本章是继四十七章后再次论述哲学上的认识论问题。老子认为，天下自然万物的生长和发展有一个总的根源，人应该从万物中去追索这个总的根源，把握根本原则。人们认识天下万物不能离开总的根源，不要向外奔逐，否则会离失自我。在认识活动中，人们要除去私欲与妄见的蔽障，以真正把握事物的本质及规律。

"天下有始，以为天下母。既得其母，以知其子"，这几句话以母子为喻说明作为宇宙万物根源的道与万物的密切关系。老子认为，只有认识了道，认识了万物的根源，才能认识万物；同时，对于具体事物的认识又必须反本探源。紧接着，老子重申，在遵循自然规律的基础上，要坚守清静无为的处事原则，要"塞其兑，闭其门"，回归到无知无欲的自然状态。

本章的言外之意在于，世人都好逞聪明，不知收敛内省，这是很危险的事情，老子希望人们不要一味锋芒外露，而要内蓄、收敛，以免给自身带来灾祸。

五十三章

【原文】

使我介然有知[1]，行于大道，唯施是畏[2]。大道甚夷，而民好径[3]。朝甚除[4]，田甚芜，仓甚虚；服文彩，带利剑，厌饮食，财货有余[5]；是谓盗夸[6]，非道也哉！

【校注】

[1]我，指有道的治君。介，北大汉简本同，汉帛书甲本作"摰"。北大汉简本原整理者认为，"介"应读为"挈"，"摰"亦"挈"之异体，《说文·手部》："挈，县（悬）持也"；传世本作"介然"，失其本义。①

[2]施，汉帛书乙本作"他"，北大汉简本作"蛇"，北大汉简本原整理者认为，皆应读为"迤"，指道路斜出。②

[3]夷，平坦。径，汉帛书甲本作"解"，汉帛书乙本作"俙"，北大汉简本作"街"。径，直达之路。

[4]朝甚除，朝廷很败坏。除，废弛，败坏。陈鼓应云："'除'，有几种解释：一、整洁；如王弼注：'朝，宫室也。除，洁好也。'河上公注：'高台榭，

---

① 北京大学出土文献研究所：《北京大学藏西汉竹书》[贰]，130页，上海，上海古籍出版社，2012。

② 北京大学出土文献研究所：《北京大学藏西汉竹书》[贰]，130页，上海，上海古籍出版社，2012。

官室修。'陆希声说：'观朝阙甚条除，墙宇甚雕峻，则知其君好土木之功，多嬉游之娱矣。'二、废弛，颓败；严灵峰说：'除，犹废也。言朝政不举而废弛也。'而马叙伦说：'除借为污。'"

[5]厌，饱足。饮，汉帛书本、北大汉简本无此字。

[6]盗夸，北大汉简本、《韩非子·解老》作"盗竽"。"盗竽"即"大盗"，传世本"夸"字当是"竽"之讹。

【译文】

　　假使我稍有见识，就知道在大道上行走，最担心的是步入邪路。大道非常平坦，而人们却爱走直达的小路。朝廷很败坏，田野很荒芜，仓库非常空虚，（有人）还穿着锦绣的衣服，带着锋利的宝剑，饱足精美的饮食，财货大大超过所需，这种人就叫大盗。这真是无道啊！

【导读】

　　这一章尖锐地揭露了当时社会上的一些矛盾现象。《道德经》一书中有几处谈到这个问题，如三、五十七、七十五章等。本章描述了社会的黑暗和统治者给人们带来的深重灾难。统治者凭借权势和武力，对百姓恣意搜刮榨取，终日荒淫奢侈，过着腐朽糜烂的生活，而下层民众却陷于饥饿状况，农田荒芜，仓藏空虚。面对这种情景，老子把统治者叫作"盗竽"。这一章也可以说是给无道的执政者们所画的像。

五十四章

【原文】

　　善建者不拔，善抱者不脱，子孙以祭祀不辍[1]。修之于身，其德乃真[2]；修之于家，其德乃余[3]；修之于乡，其德乃长[4]；修之于国，其德乃丰[5]；修之于天下，其德乃普[6]。故以身观身，以家观家，以乡观乡，以国观国，以天下观天下。吾何以知天下然哉？以此。

【校注】

　　[1]建，树立。抱，持。辍，绝灭，断绝。

　　[2]真，真实。

　　[3]余，长久。

　　[4]长，盛大。

　　[5]国，傅奕本、郭店楚简本、汉帛书甲本作"邦"，汉帛书乙本及多数传世本皆避汉高祖讳改为"国"。据韵脚，作"邦"是。丰，丰盛。

　　[6]普，广大。

【译文】

　　善于建树的不可拔除，善于抱持的不会脱落，如果子孙能遵行这个道理，则世世代代的祭祀不会断绝。个人以道修身，其德行才真实；家长以道持家，其德行才长久；乡长以道治乡，其德行才盛大；诸侯以道治国，其德行才丰盛；君王以道治理天下，其德行才广大。所以要通过修身之道来观照身，通过修家之道来观照家，通过治乡之道来观照乡，通过治国之道来观照国，通过治天下之道来观照天下。我怎么知道天下的情况呢？就是通过这个道理。

【导读】

　　本章讲"道"的功用，即"德"给人们带来的益处。本章是四十七章和五十二章的重要补充。例如，四十七章中说"不出户，知天下"。五十二章中说"既得其母，以知其子；既知其子，复守其母"，要做到这一点，还要做到"塞其兑，闭其门"。在本章里，老子讲了修身的原则、方法和作用。他认为，修身的原则是立身处世的根基，只有巩固修身之要基，才可以立身、为家、为乡、为国、为天下，这就是"道"。老子认为这是唯一正确的认识方式和途径。

　　本章说道"以身观身，以家观家，以乡观乡，以国观国，以天下观天下"，这几句话从一身讲到天下。这几句话使人自然想起儒家经典之一的《大学》中所讲的"八条目"（格物、致知、诚意、正心、修身、齐家、治国、平天下）正好也是从一身讲到天下。道家与儒家在修身问题上有同有异。相同之处在于，他们都认为立身处世的根基是修身。庄子也说："道之真，以治身，其绪余，以为国家。"所谓为家为国，应该是充实自我、修持自我以后的自然发展。而儒家是有目的地去执行的。即道家为自然的，儒家为自持的，这是儒、道之间的不同点。

第七节 《道德经》五十五至六十三章导读

五十五章

【原文】

含德之厚，比于赤子[1]。蜂虿虺蛇不螫，猛兽不据，攫鸟不搏[2]。骨弱筋柔而握固[3]。未知牝牡之合而全作[4]，精之至也。终日号而不嗄[5]，和之至也。知和曰常，知常曰明，益生曰祥，心使气曰强[6]。物壮则老，谓之不道，不道早已[7]。

【校注】

[1]含德，修德，守德不离。赤子，新生的婴儿。

[2]蜂虿（chài）虺（huǐ）蛇不螫（shì），蜂蝎毒蛇不会加以叮咬。虿，蝎类爬虫。虺，一种毒蛇。螫，毒虫刺人，毒蛇咬人。猛兽不据，攫（jué）鸟不搏：这两句，汉帛书甲本作"攫鸟猛兽弗搏"，其他简帛本大致相同，亦无"不据"二字。北大汉简本原整理者认为，王弼本作"猛兽不据，攫鸟不搏"，是将一句化为对仗之两句。① 攫鸟，凶猛的鸟。搏，抓取。

[3]握固，握持坚固，指小儿拳头握得很紧的现象。

---

① 北京大学出土文献研究所：《北京大学藏西汉竹书》[贰]，131页，上海，上海古籍出版社，2012。

[4]牝牡之合，指男女交合。全作，河上公本作"峻作"，帛书乙本作"朘（zuī）怒"（甲本残）。全，通"朘"。朘作，小儿生殖器勃起。

[5]嗄（shà），嗓音嘶哑。

[6]益生，增益生命，指刻意求生。祥，妖祥，不祥。心使气，气为心所驱使。强，逞强。

[7]壮，强盛，指过度强盛。老，指衰亡。不道，不合于道。早已，早亡之意。

【译文】

含德深厚的人，好比新生的婴儿。蜂蝎毒蛇不会叮咬他，凶鸟猛兽不会搏击他。筋骨柔弱但拳头却握得紧紧的。他还不知道男女交合但小生殖器却自动勃起，这是元气精纯之至的缘故。他整天号哭却不会嗓音沙哑，这是元气柔和之至的缘故。认识"和"的道理叫作"常"，认识"常"叫作"明"，刻意增益生命就叫作不祥，气为心所驱使就叫作逞强。事物过度强盛就会走向衰亡，这就称为不合于道，不合于道就会早早衰亡。

【导读】

本章讲处世哲学，即"德"在人身上的具体体现。前半部分用的是形象的比喻，后半部分讲的是抽象的道理。老子用赤子来比喻有深厚修养的人，这种人能返回到婴儿般的纯真柔和的状态。"精之至"形容精神充实饱满的状态，"和之至"形容心灵凝聚和谐的状态。保持这两种状态可以防止外界的各种伤害以免遭不幸。如果纵欲贪生，使气逞强，就会遭殃，危害自己，也危害别人。

老子谈到"和"字，有三处应予重视：一为"和其光"；一为"冲气以为和"；一为"终日号而不嗄，和之至也"。他以"和光""冲气"与"婴儿"来说明"和"，都是在谈统一，都是在谈"混成"的状态。

本章以"赤子"比喻"含德之厚"的人，阐发遵守"常""明"之理。含德深厚的人约束自己的思想和言行，使之合乎道的要求。赤子不受毒虫、猛兽和恶鸟的侵害，筋骨柔弱但是拳头紧握，不知男女之事而生殖器自然勃起，这是因为精力充沛；整夜啼哭而嗓音不嘶哑，这是因为和气纯厚。能够认识醇和之理就叫作"常"，能够知道"常"之理就叫作"明"。贪生纵欲就会遭殃，欲念主使精气就叫作逞强。事物过于壮盛就会变衰老，这就叫不合于道，不遵守常道就会很快衰亡。而"含德之厚"的人能够恪守"常""明"之理而不违背。

五十六章

【原文】

知者不言，言者不知[1]。塞其兑，闭其门，挫其锐，解其分，和其光，同其尘，是谓玄同[2]。故不可得而亲，不可得而疏；不可得而利，不可得而害；不可得而贵，不可得而贱。故为天下贵。

【校注】

[1]知者不言，言者不知：知道的人不说话，说话的人不知道。

[2]兑，孔穴，出口。挫其锐，解其分，和其光，同其尘：不露锋芒，消解纷扰，含敛光耀，混同尘世。这四句重见于四章，解其分之"分"，王弼本四章作"纷"，河上公本、傅奕本、汉帛书本皆作"纷"，其字应作"纷"。玄同，玄妙齐同的境界，即道的境界。

【译文】

聪明的人不多说话，到处说长论短的人不聪明。塞住嗜欲的孔穴，闭起嗜欲的门径，不露锋芒，消解纷扰，含敛光耀，混同尘世，这就是玄妙齐同的境界。这样没有人可以亲近，也没有人可以疏远；没有人可以给予利益，也没有人可以加以损害；没有人可以使他尊贵，也没有人可以使他卑贱。这样的境界为天下人所尊重。

【导读】

老子从朴素的辩证主义出发，阐释事物是由矛盾的双方构成的，故而"知者"（得"道"的圣人）能够一分为二地看待问题，修成理想人格，达到"玄同"的境界。

聪明的人不多说话，到处说长论短的人不是聪明的人。塞堵住嗜欲的孔窍，关闭住嗜欲的门径；不露锋芒，消解纷争，挫去人们的锋芒，收敛他们的光耀，混同尘世，这就是深奥的玄同。达到"玄同"境界的人，已经超脱亲疏、利害、贵贱的世俗范围，所以为天下人所尊重。

在老子看来，"知者"即得"道"的圣人，能够"挫锐""解纷""和光""同尘"，进而达到"玄同"的最高境界。也就是说，看待问题，要避免片面性。纷繁复杂的世事，常使得人们手足无措。面对同样的状况，"知者"能够全面地看待问题，兼顾矛盾着的两面。不拘泥于思维定式，全面地、整体地分析和把握，因势利导，化腐朽为神奇，使其发挥应有的作用，这也正是对和光同尘最好的注解。

五十七章

【原文】

以正治国，以奇用兵，以无事取天下[1]。吾何以知其然哉？以此。天下多忌讳，而民弥贫[2]；民多利器，国家滋昏[3]；人多伎巧，奇物滋起[4]；法令滋彰[5]，盗贼多有。故圣人云：我无为而民自化，我好静而民自正，我无事而民自富，我无欲而民自朴[6]。

【校注】

[1]以正治国，以奇用兵，以无事取天下：用正道治理国家，用诡道用兵，用无为的方式治理天下。正，指正规、常规的方法、方式。奇，诡诈。取，治理。

[2]忌讳，禁忌，禁令。弥，更加。贫，传世本、汉帛书本、北大汉简本同，郭店楚简本作"畔"，读为"叛"，或认为"贫"亦应读为"叛"。

[3]利器，指武器。陈剑认为，"利器"指圣人创设的圣知仁义等。滋，

更加。

[4]伎巧，傅奕本作"知慧"，郭店楚简本、北大汉简本作"智而"，汉帛书甲本作"知而"。奇物，傅奕本作"衰事"，郭店楚简本作"哉物"，汉帛书甲本作"何物"，北大汉简本作"苛物"。北大汉简本原整理者云："或以为'哉'、'何'应读为'奇'，今据汉简本，以上三字均应读为'苛'；《说文·艸部》：'苛，小草也'，段注：'引申为凡琐碎之称'。"①

[5]彰，傅奕本、郭店楚简本、汉帛书乙本作"章"，显明，清楚。

[6]自化，自我化育。

【译文】

用正道治理国家，用诡道用兵，用无为的方式治理天下。我怎么知道是这样的呢？从下面这些事端可以看出：天下禁忌越多，民众就反叛得越厉害；民众的利器越多，国家越陷于混乱；人们的技巧越多，邪恶的事情就连连发生；法律越是详细，盗贼反而不断地增加。所以圣人说：我无所作为，而民众能自我化育；我好静，民众自然就会端正；我不搅扰，民众就自然富足；我没有贪欲，民众就自然朴实。

【导读】

这一章集中体现了老子的政治主张，即统治者垂拱而治、无为而化的政治理念。老子生活的时代，社会动乱不安，统治者依仗权势武力，肆意横行，造成"民弥贫""国家滋昏""盗贼多有"的混乱局面。因此老子提出了"无为""好静""无事""无欲"的治国方案。他的政治主张在当时不可能被执政者所接受，也绝没有实现的可能性。虽然老子的政治理想充满了脱离实际的幻想成分，但对于统治者为政治民，还是很有借鉴意义的。例如，西汉初期的"文景之治"，正是统治者以黄老思想为指导而创建的一个盛世。

这一章提到"以奇用兵"，说明在老子的观念中，用兵是一种诡秘、奇诈的

---

① 北京大学出土文献研究所：《北京大学藏西汉竹书》[贰]，132页，上海，上海古籍出版社，2012。

行为，因而人们在用兵时就要注意想奇法、设奇计、出奇谋，只有这样才能做到出奇制胜。也就是说，老子的用兵之计与治国安邦之法有截然的区别，即用兵要奇，治国要正。"以奇用兵"实际就是要变化莫测、神出鬼没。战争，是国家政治无法正常运转时不得已而采取的下策。老子反对战争，但也深知有时战争是不可避免的。因此，老子在其书中也提出自己的见解。

总之，本章中所讲的"天下多忌讳，而民弥贫；民多利器，国家滋昏；人多伎巧，奇物滋起；法令滋彰，盗贼多有"，是老子对国计民生的具体思考。老子重视"无为""质朴""勤俭"，反对工商业者追求"利器""伎巧""奇物"。客观地讲，老子并不是笼统地、绝对地反对发展工商业，他反对的主要是统治者借工商业的发展积敛财货，过奢侈豪华、醉生梦死的荒淫生活。老子并不反对老百姓求富，因为在本章中，老子说"我无事而民自富"，这是很重要的一个证据。

五十八章

【原文】

其政闷闷，其民淳淳[1]；其政察察，其民缺缺[2]。祸兮，福之所倚；福兮，祸之所伏[3]。孰知其极[4]？其无正，正复为奇，善复为妖[5]。人之迷[6]，其日固久。是以圣人方而不割，廉而不刿，直而不肆，光而不耀[7]。

【校注】

[1]闷闷，含糊不清。淳淳，淳厚。

[2]察察，苛察烦细。缺缺，狡猾奸诈。高亨说："'缺缺'借为狯，《说文》：'狯，狡狯也。'狡狯，诈也。"

[3]倚，依靠，依凭。伏，隐伏，隐藏。

[4]极，准则，标准。

[5]其无正，正复为奇，善复为妖：它们没有个定准，正又转变为邪，吉又转变为凶。朱谦之说："'其无正'，'正'读为'定'，言其无定也。《玉篇》：

'正，长也，定也。'此作'定'解。言祸福倚伏，孰知其极？其无定，即莫知其所归也。"奇，邪也。善，这里是吉的意思。妖，不祥，凶。

［6］迷，迷惑。

［7］方而不割，廉而不刿（ɡuì），直而不肆，光而不耀：方正却不割伤人，锋利却不刺伤人，直率而不放肆，光亮而不耀眼。割，割伤。廉，锋利。刿，割伤，刺伤。

【译文】

国家政治昏暗不明，民众就淳朴；政治严苛，民众就狡诈。祸啊，是福所依凭的东西；福啊，是祸所隐藏的地方。谁知道其中的准则呢？它们没有个定准，正又转变为邪，吉又转变为凶。人们的迷惑，已经有很长的时日了。所以圣人方正却不割伤人，锋利却不刺伤人，直率而不放肆，光亮而不耀眼。

【导读】

这一章蕴含朴素的辩证法思想，是春秋时期社会剧烈的变革在人们思想中的反映，时人著述中已经有所论述。老子最大的贡献是将客观辩证法作为自然界和社会中的最一般的规律提出，即"祸兮，福之所倚；福兮，祸之所伏"，这也是极为著名的哲学命题。

老子的辩证法已经初步具备了对矛盾对立统一规律的认识，相反的东西可以相成，相反的东西可以互相转化，这种观察事物、认识事物的辩证方法，是老子哲学的一大贡献。

当然，老子的辩证法思想也是有其缺陷的，主要表现在对形而上学思想做了很大的让步。第一，老子虽然认识到宇宙间的事物都在运动变化之中，但是认为这些运动变化是循环的，而非上升和前进的过程。第二，关于运动和静止的关系。老子承认事物处在变化之中，但是他又说"夫物芸芸，各复归其根。归根曰静，是谓复命"，也就是说动、静作为物质存在的方式是并存的，且以"静"为主，这实际上表示了对事物运动变化的厌弃。第三，对立面必须在一定的条件下，才能相互转化，而老子所讲的，祸福的转化是无条件的，这是不合事实的。①

五十九章

【原文】

治人事天，莫若啬^[1]。夫唯啬，是谓早服；早服谓之重积德^[2]；重积德则无不克；无不克则莫知其极^[3]；莫知其极，可以有国^[4]；有国之母，可以长久^[5]；是谓深根固柢，长生久视之道^[6]。

【校注】

[1]治人事天，莫若啬：治理民众、侍奉天道没有比俭啬更好的了。啬，高亨说："啬，俭也。《韩非子·解老》：'少费谓之啬。'"

[2]是谓，郭店楚简本、汉帛书乙本等作"是以"，王朝华认为，"是以早服"是对"夫唯啬"的继承和引申，"是谓早服"则只是对"夫唯啬"的同义解释，作"是以"于文意较为可取。早服，早早从事于道。服，从事，服事，指从事于道。重（chóng）积德，不断地积蓄德。重，多，厚，含有不断增加的意思。

[3]克，胜。极，标准，准则。

[4]有国，保有国家。

[5]有国之母，保有国家的根本。母，譬喻保国的根本之道。

[6]根柢，树根向四边伸的叫作根，向下扎的叫作柢。视，活。长生久视，长存之意。

【译文】

治理民众、侍奉天道没有比俭啬更好的了。只有俭啬，才能早早从事于道，早早从事于道就叫作不断地积蓄德，不断地积蓄德才能攻无不克，攻无不克才能

---

① 冯友兰：《中国哲学史新编》（上），233～234 页，北京，人民出版社，2007。

深不可测，没有人能知道它的准则。没有人知道它的准则，就可以保有国家。保有国家的根本，就可以长久维持。这也就是根深本固、长生久活的道理。

【导读】

　　这一章主要论述治国与养生的原则和方法。老子把啬当作人修身养性的重要美德加以颂扬。这里的"啬"并非专指物质上的吝惜和节俭，还指在精神上注意积蓄、养护、厚藏根基，培植力量。要想真正做到精神上的"啬"，只有积累雄厚的德，有了德，也就接近了道，这样就将"啬"与圣人治国联结起来。

　　老子提出"啬"这个观念，在春秋末年的思想界是很独特的。老子曾言"我有三宝，持而保之：一曰慈，二曰俭，三曰不敢为天下先"。他认为，要"俭"才可以进一步扩大生活的范围，否则必死。啬是留有余地，对于可能存在的问题，早做准备，以防患于未然。这样的思想无论对于治国还是修身，都是极为重要的。老子"啬"的思想，不能简单理解为消极的政治倾向，否则有忽视其思想本质之嫌。

六十章

【原文】

　　治大国若烹小鲜[1]。以道莅天下，其鬼不神[2]。非其鬼不神，其神不伤人。非其神不伤人，圣人亦不伤人。夫两不相伤，故德交归焉[3]。

【校注】

　　[1]小鲜，小鱼。
　　[2]莅，临，有统治之意。神，灵验，显灵。
　　[3]两不相伤，指鬼神和圣人都不侵越人。交，俱。

【译文】

　　治理大的国家就像烹制小鱼一样。以道治理天下，鬼怪就不会显灵。不是鬼怪不显灵，而是其灵效不会伤人。不但鬼怪的灵效不伤人，圣人也不侵越人。正因为鬼怪和圣人都不侵越人，所以德俱归于民。

【导读】

本章讲的是治国之理。道家善以比喻说理，将大而繁的道理以小而简的方式加以阐释。"治大国若烹小鲜"这句话流传极广，深刻影响了中国几千年的政治家们。以"烹小鲜"喻"治大国"，道理浅显易懂。"烹小鲜"是煎烹小鱼，小鱼很鲜嫩，若在锅里煎烹时频频搅动，肉就碎了。"治大国"者要像煎小鱼那样，不要常常翻弄，也就是警告统治者不要频繁扰民，要无为而治。

老子很看重"无为"，提出"无为而无不为"，并反复说明这个道理，多方喻示这个道理。这是"道法自然"的发挥。为政的关键，在于安静无为，不扰害百姓，否则，灾祸就要来临。要保证国家的平安，执政者就必须谨行奉"道"。单凭统治阶层的主观愿望去改变社会，朝令夕改，老百姓就会无所适从，国家就会动乱不安。反之，如果国家制定的政策法令能够保持长期的稳定性，就会收到富国强兵之效。如此，则一切外在的力量，都不足以使国家产生灾难。

六十一章

【原文】

大国者下流，天下之交，天下之牝[1]。牝常以静胜牡，以静为下[2]。故大国以下小国，则取小国[3]。小国以下大国，则取大国[4]。故或下以取，或下而取[5]。大国不过欲兼畜人，小国不过欲入事人[6]。夫两者各得其所欲，大者宜为下。

【校注】

[1]下流，河流的下游，此指水所流入之地，如江海为百川所流入。交，交汇。牝，雌性动物。汉帛书甲本作"天下之牝，天下之交也"。

[2]牡，雄性动物。为下，为下流。

[3]故大国以下小国，则取小国：所以大国谦卑礼遇小国，就可以会聚小

国。下，为之下，此指大国谦卑礼遇小国。陈鼓应认为，取借为"聚"。

[4]取大国，汉帛书本、北大汉简本作"取于大国"，是见容于大国，不为其所灭的意思。

[5]或下以取，或下而取：有的(指大国)凭借谦下而会聚(小国)，有的(指小国)凭借谦下而见容(于大国)。下，谦下。以取，以聚人。而取，聚于人。

[6]兼畜人，把人聚在一起加以养护，此处指善待小国。畜，善待。又，高亨说："兼畜人，畜养牛马羊猪等，即占有它们，所以畜字有占有之意。兼畜人是说兼并占有小国。(或说：'畜，包容也。'按：春秋时代，大国常常灭亡小国，解畜为包容，便是美化大国了。)"其说可参。入事人，去侍奉别人，指取得大国的容纳和保护。

【译文】

大国就好比江河的下流，处在天下雌柔的位置，是天下交汇的地方。雌性常常凭借安静胜过雄性，因为雌性安静而又能处下。所以大国谦卑礼遇小国，就可以会聚小国。小国自居于大国之下，就可以见容于大国。所以有的(大国)凭借谦下而会聚(小国)，有的(小国)凭借谦下而见容(于大国)。大国不过是想同时善待小国，小国不过是想要去侍奉大国。这样两者都遂了心愿，大国尤其应该谦卑处下。

【导读】

本章讨论大国与小国的关系，重点强调大国应当贵柔守雌，在处理与小国的关系时应当谦卑处下。老子认为，大国、小国在外交关系上都应当保持谦下的策略，但大国在交往中是强势的一方，更应当保持谦下。在老子看来，大国、小国都保持谦卑的态度，就能得到各自所需求的东西，和平相处，这对彼此都有好处。

老子所讲的谦卑，含有不自高自大，不骄傲自满，不恃强争霸，不侵略别国等意义。老子生活在以强凌弱、兼并战争愈演愈烈的时代，因此他提出了一种外交关系的设想，表达了他反对战争，反对武力征服，主张维护和平的愿望。在社会剧烈动荡的弱肉强食的时代，老子的想法显得如此苍白。可是老子放弃武力，争取和平，维护一种相互尊重、兼容合作的国家关系的主张，对当今的国家外交仍然具有十分重要的借鉴意义。

本章认为大国应当守雌取下。守雌的观点，《道德经》一书多次提及。老子是通过对多种事物的科学认识得出"柔弱胜刚强"的结论的。他观察人体，发现"人之生也柔弱，其死也坚强"（七十六章）——人活着的时候身体是柔软的，死后就变僵硬了；又从植物生长的角度出发，发现"万物草木之生也柔脆，其死也枯槁"（七十六章）；再从社会学的角度认识到"强梁者不得其死"。由此得出结论"坚强者死之徒，柔弱者生之徒""兵强则不胜，木强则兵。强大处下，柔弱处上"（七十六章），概括为一句话便是"柔弱胜刚强"（三十六章）。为了论证这一命题的正确性，老子又以世间至柔的水为例，他说："天下莫柔弱于水，而攻坚强者莫之能胜，其无以易之。"（七十八章）从小处讲，滴水穿石；从大处言，滔天洪水可将一切席卷而去，势不可挡。

自然最初是以柔弱表现的，柔是原始自然的。回归自然就是强。将这一理论用于实践，便是倡导人们要"贵柔守雌"：无论对待社会还是对待人生，都不要违背自然，不要强作妄为，而要顺其自然。柔弱仅是表象，强大的生机才是它的内核。把握柔弱的深刻含义，能够成功。这是在告诫人们：看待事物，应透过现象看本质，把握它的实质，从根本上认识事物。

在老子之前，一般认为刚胜柔、强胜弱，而老子通过对人类、社会、自然变化的细致观察、分析、总结，得出了截然相反的结论，这是人类认识史上的一次深化和飞跃。同时也表明，老子具有不拘泥于传统、反传统的创新思想。老子在思想史上的这些贡献也是当时百花齐放、百家争鸣的大气候促成的，是时代和历史的产物。①

六十二章

【原文】

道者，万物之奥[1]。善人之宝，不善人之所保[2]。美言可以市，尊行可以加

---

① 徐艳芳：《评析老子的"贵柔守雌"思想》，载《华中师范大学学报》，1996(6)。

人[3]。人之不善，何弃之有？故立天子，置三公[4]，虽有拱璧以先驷马[5]，不如坐进此道[6]。古之所以贵此道者何？不曰以求得[7]，有罪以免邪[8]？故为天下贵。

【校注】

[1]奥，藏，这里有庇荫的意思。汉帛书甲乙本均作"注"，《礼记·礼运》："故人以为奥也"，郑玄注："奥，主也。"注，当读为"主"。

[2]善人之宝，不善人之所保：善人的珍宝，不善的人所赖以自保的东西。

[3]市，指交易的行为。加，汉帛书本、北大汉简本皆作"贺"，应读为"贺"。

[4]三公，古代中央三种最高官衔的合称，周朝的三公是太师、太傅、太保。

[5]虽有拱璧以先驷马，虽有拱璧在前、驷马在后的重礼。拱璧，大的玉璧。驷马，具有四匹马的马车。高亨说："此句当作'虽有拱璧驷马以先'，转写致误。"古代进献礼物，轻物在先，贵重在后。拱璧轻于驷马，所以驷马在后，拱璧在先。

[6]坐进此道，立即进献此道。王朝华云："坐，应是'坐致'之'坐'，其意为'轻易'，引申乃有'立即'之意。"①

[7]不曰以求得，岂不是说有求的就可以得到。不曰，岂不是。以求得，傅奕本、汉帛书乙本、北大汉简本均作"求以得"。

[8]有罪以免，有罪而可以免除灾祸。免，指免祸。

【译文】

道是万物的庇护所，是善人的珍宝，不善的人所赖以自保的东西。美好的语言可以用于交易，尊贵他人的行为可以作为对人的贺礼。人有所不善，有什么可以抛弃的呢？因而设立天子，设置三公，虽有拱璧在前、驷马在后的重礼，不如立即进献此道。古代所以认为道很尊贵是为什么呢？岂不是说有求的就可以得到，有罪也可以免除吗？所以道为天下人所尊贵。

---

① 汤漳平，王朝华：《老子》，248～249页，北京，中华书局，2014。

【导读】

　　本章主旨比较明确，即贵道。首句即指出道为万物所尊贵，结尾"古之所以贵此道者何……故为天下贵"直言贵道。章中"虽有拱璧以先驷马，不如坐进此道"，也是说"道"比拱璧驷马贵重。"古之所以贵此道者"，举古为证，可见作者是对今人说话。又云"立天子，置三公"，则可知作者的说话对象是今之当权者，故举天子、三公以比拟。明确主旨及说话对象，可以比较明确地把握住理解本章的方向。①

　　本章大意可总结为两点：一是强调道的可贵，是万物的庇护所，对天子、三公来说，道的重要远过于珍宝、重礼；二是道无弃人，庇护万物，超越善恶，对于不善的人也能加以救助和保护。二十七章所说"圣人常善救人，故无弃人"，四十九章所说"不善者亦善之""不信者亦信之"，其意与此章相同。②

　　关于"人之不善，何弃之有"两句，自古以来就有不同的解读。一种解为"不弃人"，即不抛弃不善的人；另一种解为"不弃道"，陈鼓应将此句翻译为"不善的人，怎能把道舍弃呢？"陈剑也较认同第二种解读方式，他认为此句承上文而言，世俗人希望其欲求可以实现，而道可以帮助实现，所以即便是不善人也不会抛弃道，与"不善人之所保"正相应。今暂从第一种解读方式。

六十三章

【原文】

　　为无为，事无事，味无味[1]。大小多少，报怨以德[2]。图难于其易，为大于其细[3]。天下难事必作于易，天下大事必作于细[4]，是以圣人终不为大[5]，故能成其大。夫轻诺必寡信[6]，多易必多难。是以圣人犹难之，故终无难矣。

---

①　陈剑：《老子译注》，210 页，上海，上海古籍出版社，2016。
②　汤漳平，王朝华：《老子》，247 页，北京，中华书局，2014。

【校注】

[1]为无为，事无事，味无味：以无为的态度去作为，以无事的方式去做事，以恬淡无为来品味。为，指有所作为。味，品味。

[2]大小多少，此句颇为费解，各家解说不一，今从陈鼓应之说。陈鼓应解释此句为：大生于小，多起于少。

[3]图，谋划，考虑。细，小。大、细相对，犹如难、易相对。

[4]作，开始。

[5]不为大，不自以为大。

[6]诺，许诺。信，实践诺言。

【译文】

以无为的态度去作为，以无事的方式去做事，以恬淡无为来品味。大生于小，多起于少，以恩德来报答仇怨。处理难事要从容易的事做起，做大事要从小事做起。天下的难事，一定由易事开始；天下的大事，一定由小事开始。所以圣人始终不自以为大，故能成就大事。轻易许诺的一定会失信，把事情看得太容易一定会遭遇更多的困难。所以圣人总把事情看得很难，这样最终也就没有什么困难了。

【导读】

本章内容有三个要点。一是重申无为的宗旨。"为无为，事无事，味无味"，归结起来其实就是"为无为"。"事无事""味无味"可以说是对"为无为"的引申和发挥。值得一提的是，这开头三句话都在悖论式的表达中表现出老子思想的内在张力。"无为"则无可为，"无事"则无可事，"无味"则无可味，但老子却说"为无为，事无事，味无味"，这意味着"无为"本身是一种"为"，"无事"本身是一种"事"，"无味"本身是一种"味"。这"无为之为""无事之事"，可以说是最大的"为"和"事"，这"无味之味"可以说是"至味"，它们是对世俗作为和嗜欲的超越。

二是"报怨以德"。这一点恰与孔子主张"以直报怨"(《论语·宪问》)形成鲜明的对比。孔子反对乡愿式的处世哲学,"以直报怨"体现了是非分明、爱憎分明、恩怨分明的正直的处世原则。这种处世原则,有利于维系世俗社会的正义和道德价值,在现实生活中是不可缺少的。老子的"报怨以德"则别具一种超越的智慧与宽容的精神,是对世俗正义和道德价值的超越,有利于化解矛盾、平息冲突,有利于消弭包括以直报怨所引发的有关是非恩怨的永无休止的纷争和仇恨。

三是强调"图难于其易,为大于其细"。处理难事要从容易的事做起,做大事要从小事做起。老子认为只有这样,才会永远没有困难,则大事可成。①

这一章体现了老子朴素的辩证观点,包含防患于未然的思想。事物总是向前发展的,由小到大,星星之火可以燎原,涓涓之水可以溃堤,这是客观规律。因而老子提出"天下难事必作于易,天下大事必作于细",主张"图难于其易,为大于其细"。

第八节 《道德经》六十四至七十二章导读

六十四章

【原文】

其安易持,其未兆易谋,其脆易泮,其微易散[1]。为之于未有,治之于未乱。合抱之木,生于毫末[2];九层之台,起于累土[3];千里之行,始于足下。

为者败之,执者失之[4]。是以圣人无为,故无败;无执,故无失。民之从事,常于几成而败之[5]。慎终如始,则无败事。是以圣人欲不欲[6],不贵难得之货。学不学,复众人之所过[7]。以辅万物之自然[8],而不敢为。

---

① 汤漳平,王朝华:《老子》,250 页,北京,中华书局,2014。

【校注】

[1]安，安定，稳定。持，维持，掌握。兆，征兆，苗头。泮（pàn），分开，破裂。

[2)合抱，两臂合抱，形容树木粗大。毫末，微末，此指细小的萌芽。

[3]九层之台，起于累土：九层的高台，是从一筐泥土开始建起来的。累土，汉帛书甲本作"蠃土"、汉帛书乙本作"藁土"，皆音近可通，读为"蘽土"是，"蘽"同"蘲"。陈鼓应云："有两种解释：一、低土；河上公注：'从卑至高。''卑'指低地。严灵峰说：'累土，地之低者。'二、一堆土；林希逸说：'一篑之土。'高亨说：'累当读蘲，土笼也。起于累土，犹言起于蒉土也。'土笼是盛土的用具，累土即一筐土。"①

[4]自"为者败之，执者失之"至"以辅万物之自然，而不敢为"，北大汉简本将其单独列为一章，北大汉简本原整理者认为：两章主旨判然有别，汉简本分为两章显然更为合理，郭简亦分为两章且未连抄。②

[5]几，近。

[6]欲不欲，以不欲为欲。

[7]学不学，以不学为学。复，反也，从错误的道路上走回来。

[8]辅，助。

【译文】

事物发展处于稳定的状态则易于掌握，事物发展尚未显示征兆的时候则易于谋划，脆弱的东西易于破裂，微弱的东西易于散失。在事情尚未发生时就应该早做准备，在混乱尚未发生时就应该加以治理。合抱的大树，是从细小的萌芽生长起来的；九层的高台，是从一筐泥土开始建起来的；千里的远行，是从脚下举步走出来的。

---

① 陈鼓应：《老子今注今译》(参照简帛本最新修订版)，302 页，北京，商务印书馆，2016。
② 北京大学出土文献研究所：《北京大学藏西汉竹书》[贰]，136 页，上海，上海古籍出版社，2012。

强作妄为就会失败，执意把持就会失去。所以圣人不妄为，因此就不会失败；无所把持，就不会失去。人们做事，常常在快要成功的时候失败。对待事情的终结，一如开始时那样慎重，就不会有失败之事。所以圣人以不欲为欲，不珍贵难得的货物；以不学为学，补救众人的过错而复归于根本，以辅助万物的自然生长而不加以干预。

【导读】

本章主要讲：第一，要见微知著，在祸患未形未显之前加以治理；第二，事物皆由微而至著，由小而至大，是为事物存在的普遍原理；第三，圣人之治贵在无为，因势利导而不妄作强为，以顺万物之自然。

本章帛书本开头处有分章的圆点，结尾没有分章的符号；竹简本则分两章抄写，自开头到"始于足下"为一章，"为者败之"以下另为一章，两章不相连接。从主旨上看，竹简本分章较为合理。从开头至"治之于未乱"主要讲祸乱在未曾出现之时易于消除和治理，得出"为之于未有，治之于未乱"的结论。从"合抱之木"至"始于足下"，说明事物皆从微小发展而至于壮大，指出起始的重要性。这几句相辅相成，意思连贯，思想集中，主要强调"作为"的重要性，而下文从"为者败之"开始，则转而强调"无为"，反对有所作为。虽然为与无为在老子思想中原本也可以说是相反相成的观念，不必认为他主张"无为"就不能说"为"，但是就本章具体的语境来说，上文刚刚强调作为，说要"为之于未有，治之于未乱"，下文便立即反对，说"为者败之，执者失之"，则不免显得有些突兀。这或可说明《老子》传世本的分章并无坚实的依据，从帛书本、竹简本来看，古本《老子》似乎也没有严格、确定的分章。

本章"为者败之"以下，主要重申无为的宗旨。无为是原则、方法而不是目的，无为最终的目的是要成就"自然"的状态，达成"自然"的目标，所以圣人的无为是"以辅万物之自然，而不敢为"。①

"民之从事"几句，是说人们做事常常在快要成功的时候失败，因此要始终

---

① 汤漳平，王朝华：《老子》，252 页，北京，中华书局，2014。

小心谨慎，做到"慎终如始"，如此方可不至于功亏一篑。"千里之行，始于足下""慎终如始"等广为人知的名言都源自此章。

六十五章

【原文】

古之善为道者，非以明民，将以愚之[1]。民之难治，以其智多。故以智治国，国之贼[2]；不以智治国，国之福[3]。知此两者，亦稽式[4]。常知稽式，是谓玄德。玄德深矣，远矣，与物反矣，然后乃至大顺[5]。

【校注】

[1]明，使之明，即使之多巧诈也。愚，使之愚，即使之淳朴、质朴。

[2]贼，害，祸害。

[3]福，福祉。

[4]稽式，傅奕本、王弼本及汉帛书本作"稽式"，河上公本、北大汉简本作"楷式"，北大汉简本原整理者认为，"楷"（溪母脂部）、"稽"（见母脂部）音近可通，"稽"应读为"楷"，"楷式"义为法则、典范。①

[5]反，通"返"，返回本真。顺，服从。

【译文】

古代善于行道的人，不是教民众多巧诈，而是使民众淳朴。民众之所以难治，乃是因为他们有太多的智巧心机。所以用智巧去治理国家，是国家的祸害；不用智巧来治理国家，是国家的福祉。知道这两种不同所带来的后果，就知道了治理国家的法则。常守这个法则，就可以称为玄德。玄德深远啊，同事物一起返回到本原，然后才能达到民众无不服从的境地。

---

① 北京大学出土文献研究所：《北京大学藏西汉竹书》[贰]，137页，上海，上海古籍出版社，2012。

【导读】

本章反对以智治国，认为以智治国会让民众巧诈难治，给国家带来很多灾祸；主张治民以愚，提倡治国以自然之道，让民众恢复淳朴自然的本性，达到太平之治。

本章常被人误以为老子主张愚民政策，提倡权诈之术。"非以明民，将以愚之"两句更成为其强有力的佐证。愚民的本质是统治者要弄权术，愚弄民众。而本章所提到的"愚""智"，不同于一般的理解。《论语·阳货》云："古之愚也直。"王弼注云："明谓多见巧诈，蔽其朴也。愚谓无知守真，顺自然也。"河上公注云："不以道教民明智巧诈也，将以道德教民，使质朴不诈伪。"明，是巧诈之意。愚，是质朴无知之意。老子反对统治者"有为"，以权诈之术治理国家，在本章更明确提出治国以愚不以智的观点，恰恰说明了他对统治者愚弄人民的厌恶。

老子生当乱世，目睹了当时社会的混乱局面，感叹世乱的根源莫过于统治者攻心斗智，竞相伪饰，因此呼吁人们抛弃世俗的纷争，而归于质朴自然。

六十六章

【原文】

江海所以能为百谷王者，以其善下之，故能为百谷王[1]。是以欲上民，必以言下之；欲先民，必以身后之。[2]是以圣人处上而民不重[3]，处前而民不害。是以天下乐推而不厌[4]。以其不争，故天下莫能与之争。

【校注】

[1]百谷王，百川所归往。百谷，即百川。王，《说文》："王，天下所归往也。"这里指小水归往大水，有似于尊之为王。

[2]是以欲上民，必以言下之；欲先民，必以身后之：所以圣人要想居于民众之上，就一定要以言辞对民众表示谦下；想要做民众的表率，就一定要把

自己的利益放在民众的后面。傅奕本、河上公本"是以"下有"圣人"二字，汉帛书本同，依文例与诸古本此处应补充。

　　[3]重，累，不堪。

　　[4]推，拥戴。厌，厌弃。

【译文】

　　江海之所以为百川所归往，是因为它善于处在低下的地位，所以能为许多河流所汇注。所以圣人要想居于民众之上，就一定要以言辞对民众表示谦下；想要做民众的表率，就一定要把自己的利益放在民众的后面。所以圣人处在上位而民众不觉得负累，处于前面而民众不觉得受损害。因此天下人都乐于拥戴他而不厌弃他。正因为圣人不跟人争，所以天下没有人可以与他争。

【导读】

　　本章说明君主治理天下，应当如江海之纳百川，要能自甘于处下居后，畜养万民，不给民众造成负担和伤害。

　　"江海所以能为百谷王者"，指川流等小水归往江海大水，有似于尊江海为王。水性自高处流往低处，水流汇集的地方必然是最低下之处，亦即"处众人之所恶"（八章）的境地。老子以此为喻，生动形象地阐明处下可以为众人所归往之意。

　　"以言下之"，如四十二章所说的"孤、寡、不穀，而王公以为称"，统治者以不好的称呼自称。"以身后之"，如《左传·文公十三年》所说"天生民而树之君，以利之也"，先民而后君。这样的君主位居民众之上，民众不觉得负累；身处民众之前，民众不觉得对自己有害。十七章云"太上，下知有之"，民众只知道有君主而已，不觉得负累或受到侵扰。君主不肆意妄为，不给民众带来负担，民众则乐于爱戴他，如川流归入江海。

　　"欲上民，必以言下之；欲先民，必以身后之"几句，常常被看作老子对某种权术的肯定。王朝华先生认为："老子的辩证思想是对事物存在、发展规律的认识，但这种欲上先下、欲前反后的言论听起来却似乎颇近于权诈，加上传世本及帛书本过于强调'欲'和'必'，就更容易造成误解。这里所说的上下、先后的关系，是辩证思想在政治上的体现，并无权诈的意思。而且老子实际上强调的不是欲上先下、欲前反后的手段本身，而是不给人民造成负担和损害的政治目的和结果，而这种政治追求，在实质上乃是对耍弄威权法术的唾弃。"①

六十七章

【原文】

天下皆谓我道大，似不肖[1]。夫唯大，故似不肖。若肖，久矣其细也夫！我有三宝，持而保之[2]。一曰慈，二曰俭，三曰不敢为天下先。慈，故能勇；俭，故能广；不敢为天下先，故能成器长[3]。今舍慈且勇，舍俭且广，舍后且先[4]，死矣！夫慈，以战则胜，以守则固[5]，天将救之，以慈卫之[6]。

【校注】

[1]道，河上公本、傅奕本、汉帛书乙本及北大汉简本均无此字，唯王弼本有，故此"道"字应为误衍。似，北大汉简本作"以"，传世本作"似"，二字通用。北大汉简本原整理者认为，"以"在此为并列连词，相当于"且"。② 不肖，指不成材、无所用。

[2]宝、保，傅奕本均作"宝"，汉帛书乙本均作"琛"。高亨说："琛即古宝字。上宝字是名词，即法宝；下宝字是动词，当作法宝来用。"

[3]成器，成就器物，造就万物。

[4]且，取。

[5]以战则胜，傅奕本、北大汉简本作"以陈则正"，陈鼓应引范应元说："陈，音阵，军师行伍之列也。"

[6]卫，保护。

---

① 汤漳平，王朝华：《老子》，258～259 页，北京，中华书局，2014。

② 北京大学出土文献研究所：《北京大学藏西汉竹书》[贰]，137 页，上海，上海古籍出版社，2012。

【译文】

天下人都说我的道广大，广大但无所用。正是因为广大，所以无所用。如果可用，时间久了，那早就小了。我有三个法宝，掌握并珍视它们：第一是慈爱，第二是俭约，第三是不敢争先走在天下人的前面。因为慈爱，所以能勇敢；因为俭约，所以能广博；因为不敢争先走在天下人的前面，所以能成为造就万物的首长。现在要舍弃慈爱而争取勇敢，舍弃俭约而争取广博，舍弃后退而争取前进，那就要死亡了。凭借慈爱来攻战就能取胜，来守卫就能坚固。天道如果要救助他，就会赐给他慈爱来保护他。

【导读】

本章提出了"慈""俭""不敢为天下先"三宝，这"三宝"是老子思想中的重要概念。老子从相反相成的辩证思想出发，指出"三宝"的价值和作用。

慈爱近于柔弱，却能涵养勇敢的品德，这样的勇敢便不是一般的勇敢，不是匹夫之勇，而是道德力量的体现，是大勇。这种勇与孔子所说的"仁者必有勇"(《论语·宪问》)颇有相似之处。

俭约近于拘谨和小气，却能产生广博的作用。这里所说的俭约，不限于节约财物，而更主要是指收敛、节制与自我约束的处事原则，与五十九章"治人事天，莫若啬"的"啬"含义相同。王朝华先生指出："王弼注'俭故能广'云：'节俭爱费，天下不匮，故能广也。'其说过于狭隘，未达老子之旨，后世注家多误从其说。知所节制，方能有效地防止过度行为，方能保存实力、储存能量，以便发挥最大的作用。"①

"不敢为天下先"，即谦让、不争的思想。儒家有"敢为天下先""当仁不让"等思想。表面看来似乎儒家积极进取，道家趋于保守，其实这是由于两家论述的角度不一。道家是从天道与人类社会的一般规律角度来论述的，儒家是从社会政治活动的角度来论述的。如果换个角度，儒家在某些方面同样主张谦让、

① 汤漳平，王朝华：《老子》，261页，北京，中华书局，2014。

不争，与道家思想近似。比如，儒家在精神生活方面主张"学而不厌"，而在物质生活上却主张"箪食瓢饮"即可。

本章结尾复言慈，盖东周诸国君主勇于用民，不恤不慈，民不堪命，是当时主要的问题。故《老子》重点提出慈而始能战，有慈天将助之，以劝君主慈民恤众。①

六十八章

【原文】

善为士者不武[1]，善战者不怒，善胜敌者不与[2]，善用人者为之下。是谓不争之德，是谓用人之力[3]，是谓配天[4]，古之极[5]。

【校注】

[1]士，卒之帅也。

[2]与，敌对。不与，不正面敌对，不与之争之意。

[3]是谓用人之力，汉帛书本、北大汉简本后无"之力"二字。

[4]配天，与天相比并，此指不争之德合于天道。

[5]极，准则。

【译文】

善于做统帅的人不显示武力，善于作战的人不发怒，善于战胜敌人的人不与敌人正面争斗，善于用人的人对人谦下。这叫作不争的品德，这叫作善于使用人的力量，这叫作合于天道，是古代的最高准则。

【导读】

本章是老子的军事论，主要围绕两个核心，即胜敌与用人来说明。胜敌在

---

① 陈剑：《老子译注》，225页，上海，上海古籍出版社，2016。

"不争"，用人在"为之下"。"不武""不怒""不与""为之下"，皆是"不争之德"的具体表现。老子身处战争频仍、侵夺不已的时代。"善为士者不武"实质上包含了他对当时以武勇为尚、以政法为事的现实的批判。这与上一章强调的"慈"也是相对应的。

"不争"是老子反复强调的观念，在老子看来，"不争"则"天下莫能与之争"（二十二、六十六章）。七十三章说"天之道，不争而善胜"，也说明"不争"乃是天道的基本德性。"不争之德"在本质上是天道自然无为精神的体现，所以说"是谓配天"。

陈剑认为，本章颇能体现老子思想对于西周主流"以德配天"思想的继承。重德不重武是西周即有的观念，其理论说解是"以德配天"，天命随德而流转，不在武力。《老子》亦强调不争之德，德高可配天，保留了天德关系的框架，而赋予其全新的内涵，抛弃了人格化的天，以道作为其核心内容，德至而道随。冯友兰形容这种新旧结合的现象为"周虽旧邦，其命维新"，新旧融为一体，这也是中国思想的一个重要特色。①

六十九章

【原文】

用兵有言：吾不敢为主而为客[1]，不敢进寸而退尺。是谓行无行，攘无臂[2]，扔无敌，执无兵[3]。祸莫大于轻敌，轻敌几丧吾宝[4]。故抗兵相加，哀者胜矣[5]。

【校注】

[1]主，主导者，指发动战争的一方。客，非主导者，这里指应战一方。

[2]行无行：虽然有阵势，却像没有阵势。行，行列，行阵，指军阵。攘无臂，虽然要奋臂，却像没有臂膀可以举起。攘，举起。

---

① 陈剑：《老子译注》，227 页，上海，上海古籍出版社，2016。

[3]扔无敌，执无兵：陈鼓应解释为"虽然面临敌人，却像没有敌人可赴；虽然有兵器，却像没有兵器可持"。扔，汉帛书本、北大汉简本作"乃"，北大汉简本原整理者认为，王弼本作"扔"、河上公本等作"仍"，皆为"乃"之误。①多数传世本"扔（仍）无敌"在"执无兵"之前，傅奕本、汉帛书本、北大汉简本"乃（仍）无敌"一句均在"执无兵"之后，按照此种行文方式，陈剑翻译为"虽然有兵器，却像没有兵器可持。这样敌人就自以为无敌"②。

[4]几，近。

[5]抗兵相加，两军对垒，势力相当。加，傅奕本、汉帛书本及北大汉简本作"若"，其余传世本多作"加"，北大汉简本原整理者说："'相若'即'相当'，作'相加'则文义不通，盖'若'先改为'如'，再讹为'加'。"③抗兵，两军对垒。相加（若），相当。哀，闵，慈。

【译文】

用兵者这么说：我不敢进犯，而采取守势；不敢前进一寸，而宁可后退一尺。这就是说：虽然有阵势，却像没有阵势；虽然要奋臂，却像没有臂膀可以举起；虽然面临敌人，却像没有敌人可赴；虽然有兵器，却像没有兵器可持。没有比轻敌更大的祸患了，轻敌几乎丧失了我的法宝。所以两军对垒，慈悲的一方可获得胜利。

【导读】

本章是老子有关军事的理论。本章谈用兵之道，强调战争应戒骄戒躁，以守为主，切不可轻敌，表现了老子所崇尚的守静不争的思想，同时也表明老子处世哲学中"退守""居下"的原则。其中"哀兵必胜，骄兵必败"的道理，成为千

古兵家的军事名言。

"哀者胜"之"哀"非哀伤之意，蒋锡昌《老子校诂》云："《说文》：'哀，闵也。'闵者，即六十七章所谓'慈'也。此言两方举兵相当，其结果必然慈者胜，六十七章所谓'慈，以战则胜'也。""哀者胜"与"慈，以战则胜"同义。本章和前两章是相应的，都是在阐明哀、慈、柔的道理，以明不争之德。

《道德经》一书约有十章言及战争，自唐代王真作《道德经论兵要义述》以来，就一直有人把《道德经》看作兵书。因老子身处动荡的时代，对于频繁的战争，他不可能视而不见，所以《道德经》一书中出现某些军事理论是可以理解的。但老子是哲学家而不是军事家，他关注的是哲学问题，而不是军事问题，谈用兵之道应为他思想的延伸。同时，需要特别指出的是，反对战争和权谋是老子的基本思想，因老子偶尔提及用兵之道，便将老子看作善于战争和玩弄权术的人，则是误解了。

七十章

【原文】

吾言甚易知，甚易行。天下莫能知，莫能行。言有宗，事有君[1]。夫唯无知，是以不我知[2]。知我者希，则我者贵[3]。是以圣人被褐怀玉[4]。

【校注】

[1]宗，宗旨。君，主，可引申指根据、纲领。

[2]无知，陈鼓应说："有两种说法：一是指别人的不理解；一是指自己的无知。[今译]取前者。"不我知，即不知我。

[3]希，读为稀，少也。则，取法，效法。

[4]被褐怀玉，穿着粗布衣服而怀揣着宝玉。褐，粗布衣，古时贫贱者所穿。

【译文】

我的话很容易理解，很容易实行。可天下却没有人能理解，没有人能实行。我的言论有主旨，我的行事有根据。正因为人们无知，所以不能了解我。理解我的人少，效法我的人就显得难能可贵了。所以圣人常常穿着粗布衣服而怀揣着宝玉。

【导读】

本章流露出老子对当时的统治者失望的情绪。《道德经》一书，文字质朴简约，主张清虚自守、无为而治、柔弱不争等。老子之道明白无隐，人们若能本其自然，顺天而行，返璞归真，就是行道。然而天下之人锢蔽于一己之私心，妄作强争，为外物所役，不能明晓老子所言之道，更加难以做到。圣人看似浑然同于众人，但其心灵却远远超拔于众人之上。老子的感慨体现出一种深刻的孤独，大概知晓真理的永远只是少数人吧。

"吾言甚易知，甚易行。天下莫能知，莫能行"这几句话，很容易让人想起《史记·孔子世家》中记载的孔子临近去世之时对子贡所发的感慨："天下无道久矣，莫能宗予。"老子从哲学的高度所提出的一系列政治主张，很容易理解，很容易实行，而现实社会中却没有人理解和实行。或许，老子那一套治理天下的政治思想，和儒家圣人孔子的政治思想一样，只有在理想中的"圣人"那里才能实现，在当时的社会中是无法实现的。

任继愈《老子新译》中认为："老子讲的一些道理，与历史前进的方向相反，所以人们不理睬他。他自己颇有怀才不遇、曲高和寡的苦闷。"①张松如《老子校读》中则不同意这样的观点，他认为："历史却并没有冷落了他。单说先秦时期吧：相传春秋时的叔向、墨翟，战国时的魏武侯、颜触，都曾称引过他的话；庄子则颂扬他'古之博大真人哉！'（《天下》篇）以宋钘、尹文为代表的稷下学人又继承了老聃而发展为黄老学派；至于韩非更有《解老》《喻老》之作。降至秦后，西汉初年，黄老之学一度居于统治地位，司马谈《论六家之要旨》，实突出道家，而司马迁《史记》并特为立传。演至东汉，甚至神化为道教的始祖了。凡此一切，总不能说是'历史抛弃了他'吧。"②

---

① 任继愈：《老子新译》（修订本），213 页，上海，上海古籍出版社，1985。
② 张松如：《老子校读》，385～386 页，长春，吉林人民出版社，1981。

七十一章

【原文】

知不知[1]，上；不知知[2]，病；夫唯病病，是以不病[3]。圣人不病，以其病病，是以不病。

【校注】

[1]知不知，这句话有好几种解释，最通常的两种解释是：第一种，知道却不自以为知道；第二种，知道自己不知道，即知道自己有所不知。

[2]不知知，不知道却自以为知道。

[3]病病，把病当作病。前"病"字，动词，以……为病。后"病"字，缺点。

【译文】

知道自己有所不知，那是最好的了；不知道却自以为知道，这就是缺点了；只有把缺点当作缺点，才能没有缺点。圣人之所以没有缺点，正是因为他把缺点当作缺点，所以就没有缺点。

【导读】

这一章讲自知之明，是就一般情况而论的。在自知之明的问题上，中国古代的哲人们有非常相似的观点。《论语·为政》有言曰："知之为知之，不知为不知，是知也。"在老子看来，真正领会"道"之精髓的圣人，不轻易下断语，即使是对已知的事物，也不会臆断，而是把已知当作未知。这是虚心的求学态度。只有本着这样的态度学习，人才能不断地探求真理。所以，老子认为，"知不知"，才是最高明的。在古今社会生活中，刚愎自用、自以为是的人并不少见。这些人缺乏自知之明，刚刚学到一点儿知识，就自以为了不起，从而目中无人，甚至不把自己的老师放在眼里。这些人肆意贬低别人，抬高自己，以为自己天下第一。这说到底，如果不是道德品质问题，那就是没有自知之明。正如高亨先生在《老子注译》中所说："老子主张谦虚，反对骄傲。"①在阅读这一章的内容时，我们可以深刻感受到老子的《道德经》真是一部极富智慧的处世之作。

七十二章

【原文】

民不畏威，则大威至[1]。无狎其所居，无厌其所生[2]。夫唯不厌，是以不厌[3]。是以圣人自知，不自见[4]；自爱，不自贵。故去彼取此[5]。

【校注】

[1]"畏威"之"威"，指来自统治者的威压。大威，指天威。大威至，指天将动威惩罚，祸患将至之意。

[2]狎，通"狭"，狭迫。厌，通"压"，压迫。

[3]夫唯不厌，是以不厌：只有不压迫民众，民众才不厌弃统治者。高亨说："上'厌'字即上文'无厌其所生'之厌。下'厌'字乃六十六章'天下乐推而不厌'之厌。言夫唯君不厌迫其民，是以民不厌恶其君也。"

[4]见(xiàn)，通"现"，显露，表现。

[5]去彼取此，指舍去"自见""自贵"而取"自知""自爱"。

【译文】

民众不畏惧君主之威，则大的祸患就要来临了。不要压缩民众的居处，不要压迫民众的生活。只有不压迫民众，民众才不厌弃统治者。所以圣人自知而不自我表现，自爱而不自以为尊贵。所以君主要舍去后者而选取前者。

【导读】

本章着重讲统治者要有自知之明，反对统治者采取高压政治，肆无忌惮地

---

① 高亨：《老子注译》，112页，北京，清华大学出版社，2010。

压榨百姓。此章中的"不自贵"，与十三章中的"贵身"、四十四章中的"名与身孰亲"的内涵不同。"贵身"讲维护人的尊严，自重自爱，不以荣辱忧患和其他身外之物损害自身的尊贵；"名与身孰亲"则说人的价值比虚名和货利更可宝贵，人不要为争夺身外的名利而轻生伤身。

过去有学者认为，从这一章中可以看出老子对人民压迫斗争的敌视。其实老子重点反对的是统治者的高压政策和自见、自贵的政治态度。因为民众的反抗斗争必须有一个前提，即只有当统治者对民众实施暴政，进行残酷压迫和掠夺的时候才会发生。

老子深知愚妄和残暴是统治者易犯的通病，因此提出警告，希望统治者不要逼迫民众太甚，不要使民众不能安居，没有活路。老子进而指出，圣人就"不自见""不自贵"。能做到"不自见""不自贵"，自然就不会张扬自己的意志和权力，也就不会有强权压迫了。

总之，老子认识到了民众的无畏精神。本章的"民不畏威"、七十四章的"民不畏死"和七十五章的"民之轻死"，都体现了民众的无畏精神。此外，老子也认识到了民众的反抗力量。

第九节 《道德经》七十三至八十一章导读

七十三章

【原文】

勇于敢则杀，勇于不敢则活[1]。此两者[2]，或利或害。天之所恶，孰知其故？是以圣人犹难之[3]。天之道[4]，不争而善胜，不言而善应，不召而自来，繟然而善谋[5]。天网恢恢，疏而不失[6]。

【校注】

[1]敢，指坚强有为。杀，死。不敢，指柔弱。

[2]此两者，指勇于敢和勇于不敢。

[3]是以圣人犹难之，这句是六十三章中的文字，汉帛书本、北大汉简本此处均无此句，疑是误衍。

[4]天之道，即天道，指作为宇宙本体以及万物根源和依据而存在的道。王朝华说："其义不限于'自然规律'，不可解释为'自然规律'，而且说'自然规律''不争而善胜，不言而善应'也是不通的。"

[5]繟（chǎn）然，坦然，安然，宽缓。"繟然而"，河上公本同（《经典释文》引河本"繟"作"墠"），傅奕本作"默然而"，汉帛书甲本作"弹而"，汉帛书乙本作"单而"，北大汉简本作"譠然"。北大汉简本原整理者认为："'譠'即'默'之异体，'弹'、'单'、'繟'、'墠'皆读为'坦'。汉简本与傅本为同一系统，作'默然'；帛书与王本、河本、严本为同一系统，作'坦然'。疑此字本作'譠（默）'，先讹为'单（弹、繟、墠）'，再读为'坦'。"①

[6]网，罗网。恢恢，广大的样子。失，漏失。

【译文】

勇于坚强就会死，勇于柔弱就可活。这两种勇的结果，有的有利，有的有害。天道有所厌恶，谁知道是什么缘故？有的圣人也难以解说明白。自然的规律是，不争斗而善于取胜，不说话而善于回应，不召唤而使万物自来归附，坦荡而善于谋划。天所布置的罗网广大无边，虽然稀疏却无所漏失。

【导读】

本章主要讲人生哲学。老子提出"勇于敢"和"勇于不敢"两种相反的处世态度。老子认为，两种不同的勇，会产生两种不同的结果，前者是取死之道，后者是自存之道，一则遭害，一则存活。"勇于敢则杀，勇于不敢则活"，仍是在重申天道无为不争的功德。

老子的主张很明确，他以为自然之道，贵柔弱，不贵强作妄为；贵卑下，

---

① 北京大学出土文献研究所：《北京大学藏西汉竹书》[贰]，140 页，上海，上海古籍出版社，2012。

不贵高上贵重。有人认为老子只注重自然规律，而忽视人的主观努力，是一种命定论思想。其实，老子所宣扬的是自然规律，"勇于敢"是不遵循自然规律的肆意妄为。陈鼓应《老子今注今译》云："老子以为自然的规律是柔弱不争的，人类的行为应取法于自然的规律而恶戒刚强好斗。'勇于敢'，则逞强贪竞，无所畏惮；'勇于不敢'，则柔弱哀慈，慎重行事。人类的行为应选取后者而遗弃前者。"①

在《道德经》一书中，"不争"的思想灌注全篇。若仅从字面上来理解老子的"不争"，很容易把它理解为消极、不进取、放弃一切。其实，老子哲学中的"不争"含义丰富，意义深远，总的来说是要以"不争"的姿态立于不败之地。

对于现代社会来说，"不争而善胜"的做法既适用于个人素养的修炼，也适用于国家制度的建设，重要的是把握好"不争"与"为"的力度，若有失偏颇，结果也是难以估计的，而"不争而为""勇于不敢"的精神状态则正是实现这一理想的最好方法。②

七十四章

【原文】

民不畏死，奈何以死惧之[1]？若使民常畏死，而为奇者[2]，吾得执而杀之[3]，孰敢？常有司杀者杀[4]，夫代司杀者杀，是谓代大匠斲[5]，夫代大匠斲者，希有不伤其手矣。

【校注】

[1]惧之，使民众畏惧，即威吓民众。

[2]奇，奇诡，邪恶。为奇者，指为邪作恶的人。

[3]吾，这里是虚拟的人称，假托为统治者的自称。

[4]司杀者，掌握刑杀者，此指天道。

---

① 陈鼓应：《老子今注今译》(参照简帛本最新修订版)，327页，北京，商务印书馆，2016。

② 高苏：《"不争而善胜"：老子的处世哲学》，载《安徽文学》，2014(7)。

[5]代大匠斲（zhuó），代替木匠砍木头。大匠，高明的木匠。斲，古同"斫"，砍削。

【译文】

民众不畏惧死亡，为什么要用死亡来恐吓他们呢？如果民众总是畏惧死亡，对于为邪作恶的人，我们就可以把他抓起来杀掉，还有谁敢继续作恶？经常有掌管杀人的人去执行杀人的任务，如果代替掌管杀人的人去执行杀人的任务，这就如同代替高明的木匠去砍削木头。那些代替高明的木匠砍木头的人很少有不砍伤自己手的。

【导读】

本章讲老子的政治主张，主旨在于反对统治者滥用刑法，大肆杀戮，并对统治者代天行杀伐之权的狂妄行径提出了警告。老子抨击了当时的统治者使用严刑峻法，逼迫民众走向死途的做法，要求统治者善待民众。

本章开篇即说"民不畏死，奈何以死惧之"，民众假如不畏惧死亡，那么用死亡来威胁他们，是完全不起作用的。假如民众畏惧死亡，那么把为非作歹的人杀掉，还有谁敢胡来？当时的统治者采用第二种方法，然而却不见效。可见严刑峻法在根本上并不能使民众畏惧服从。真正的司杀者是天道，因此统治者滥用刑罚无异于越俎代庖，这种行为不会有好结果。

《老子新译》中认为："老子经常讲退守、柔顺、不敢为天下先，这是他的手法，只是他看到用死来吓唬人民没有用，所以才说出'民不畏死，奈何以死惧之？'过去有些人故意说老子是不主张杀人的，这是断章取义。"①仔细理解老子的本意，他并不是要用残酷的手段随意杀人，尽管在本章里我们见到好几个"杀"字，但并不是要杀害老百姓，这一点还是有必要分辨清楚的。

高亨先生《老子注译》引薛蕙《老子集解》之说云："上言杀人之无益，此言杀人之有祸。"高亨先生按语指出：老子以为人之生死，都决定于天，或道，或

---

① 任继愈：《老子新译》（修订本），220页，上海，上海古籍出版社，1985。

自然。此三者实则相属。老子说："天法道，道法自然。"（二十五章）若与此三者相反，就要死亡。故老子说："不道早已"（五十五章）。①

老子认为，治理天下，只要自然无为就可以天下太平。而当时的统治者却要凭借一己之意，鲁莽行事，为满足自身奢侈的生活、贪婪的欲望，强作妄为，兴兵天下。民众稍有不从，便挥动屠刀。因此，只有统治者纠正自身的弊病，才能谈天下的大治。

七十五章

【原文】

民之饥，以其上食税之多，是以饥[1]。民之难治，以其上之有为[2]，是以难治。民之轻死，以其求生之厚，是以轻死[3]。夫唯无以生为者，是贤于贵生[4]。

【校注】

[1]民，多数传世本作"民"，汉帛书本、北大汉简本作"人"，北大汉简本原整理者认为，"《老子》'人'、'民'二字用法有别，'人'泛指人类，'民'则专指被统治之民众。传世本多有避唐太宗讳改'民'为'人'者，但也有误将'人'一概回改为'民'的情况，此即一例。"②上，指在上的统治者。食税，犹取税，统治者取税以自养，如同取食物以自养，所以称为食税。

[2]有为，政令烦苛，强作妄为。

[3]轻死，以死亡为轻，不把死当回事，不畏惧死亡之意。其，指统治者。生，生活。厚，丰厚。生之厚，指过奢侈的生活。

[4]无以生为，不把厚生奢侈作为追求的目标，即不贵生，生活恬淡。贤，胜。贵生，以自身之生为贵。

---

① 高亨：《老子注译》，115～116页，北京，清华大学出版社，2010。

② 北京大学出土文献研究所：《北京大学藏西汉竹书》[贰]，141页，上海，上海古籍出版社，2012。

【译文】

民众之所以挨饿，是因为统治者税收太重，所以挨饿。民众之所以难以治理，是因为统治者强作妄为，所以难以治理。民众之所以轻视死亡，是以为统治者追求奢侈的生活，所以轻视死亡。只有清静恬淡的人，才胜过追求奢侈生活的人。

【导读】

本章的思想主旨，在《道德经》七十二、七十四和七十七章中也有所体现。在本章中，老子对统治者强加给民众的繁重经济剥削进行了强烈指责。老子认为，民众之所以忍饥挨饿，是因为统治者赋税太过沉重；民众之所以难于统治，是由于统治者政令繁苛，喜欢有所作为；民众之所以轻生冒死，是由于统治者为了奉养自己，将民脂民膏搜刮殆尽，使民众生无可恋。张松如《老子校读》中认为："本章揭示了劳动人民与封建统治者之间阶级矛盾的实质：人民的饥荒，是统治者沉重的租税造成的……人民的轻生，是统治者无厌的聚敛造成的。这种说法，当然同贯穿《老子》书中的'无为'思想相通着，可是它岂不也反映了被压迫的人民群众的要求吗？岂不正是作为人民群众主体的广大农民阶级思想的流露吗？"[1]

七十六章

【原文】

人之生也柔弱，其死也坚强[1]。万物草木之生也柔脆，其死也枯槁[2]。故坚强者死之徒，柔弱者生之徒[3]。是以兵强则不胜，木强则兵[4]。强大处下，柔弱处上。

---

[1]　张松如：《老子校读》，404~405 页，长春，吉林人民出版社，1981。

【校注】

[1]柔弱，指人活着的时候身体柔软。坚强，指人死的时候身体僵硬。

[2]柔脆，指草木形质的柔软。枯槁，形容草木的干枯。

[3]徒，类。

[4]兵，传世本多作"共"，汉帛书甲本作"恒"，汉帛书乙本作"兢"，北大汉简本作"核"，《列子·黄帝》引文作"折"。北大汉简本整理组认为："'恒'字应读为'椢(gèn)'，《说文·木部》：'椢，竟也'，义为'折'。'核'(匣母职部)、'恒'(匣母蒸部)音近可通，'核'亦应读为'椢'。'兢(竟)'、'折'与'椢'义近，'兵'乃'折'之讹，'共'或为'兵'之讹。"①今从北大汉简本整理者之说。

【译文】

人活着的时候身体是柔软的，人死了身体就变得僵硬。万物草木存活的时候柔脆，死了就变得干枯。所以说，坚强的属于死的一类，柔弱的属于生的一类。所以军队强大就不能取胜，树木强硬就会折断。凡是强大的，反而居于下位；凡是柔弱的，反而占居上位。

【导读】

本章以人和草木为例说明柔弱胜刚强的哲理。"人之生也柔弱，其死也坚强。万物草木之生也柔脆，其死也枯槁"，这是老子透过人和草木的自然现象所揭示的客观规律：柔弱、柔脆皆为生因；坚强、枯槁皆为死因。老子意在通过上述自然现象揭示坚强与柔弱、生存与死亡的辩证关系。有的人之所以懦弱，是因为顾及生命。如果不再顾惜生命，而是下决心决一死战，那他们就会变得坚强无比。在大道不行的社会里，统治阶级视劳动人民如草芥，劳动人民终年与饥荒相伴，面容枯槁，过着牛马不如的生活。

① 北京大学出土文献研究所：《北京大学藏西汉竹书》[贰]，141页，上海，上海古籍出版社，2012。

"故坚强者死之徒，柔弱者生之徒。"也就是说，坚强固执的事物属消亡一类，柔弱顺应的事物属生发一类。所有有形的东西都开始于柔弱的状态，当发展到刚强的阶段时也就是"名亦既有，夫亦将知止"之时了。包括人在内的生命体，刚开始的时候总是"柔弱"的。以人来说，连最坚硬的骨头在出生的时候都是柔软的。随着成长壮大，"柔弱"的成分越来越少，"坚强"的成分越来越多，这个过程也是逐步接近死亡的过程。老子强调要"复归于婴儿"，也正是从"柔弱胜刚强"中得出的启示。

老子进一步阐发"是以兵强则不胜，木强则兵"之理。统治者及其军队是强大的，这意味着劳动人民处于弱势，上强下弱，以上欺下，以强凌弱，这是违背自然规律的，必然使民众陷于水深火热之中。自古"得道多助，失道寡助"，不管统治者的军队多么强大，如果政权失去了民众的支持这一坚强的后盾，其最终结局必定是要失败的。树木长得坚实了对树木本身就是灾难，不是要遭遇狂风的摧折就是会遭遇人类的砍伐。其实对于树木本身来说，也是"强大处下，柔弱处上"的，树根强大坚实的部分处下，而树梢柔小脆弱的部分处上。通过对以上自然现象的分析，老子进一步说明柔弱胜刚强的道理。在修身处世中，人们也需要坚守慈柔之道，虚静谦柔，体认天道，以达"天下之至柔，驰骋天下之至坚"之境地。

七十七章

【原文】

天之道，其犹张弓与[1]？高者抑之，下者举之；有余者损之，不足者补之。天之道，损有余而补不足。人之道则不然，损不足以奉有余[2]。孰能有余以奉天下[3]，唯有道者。是以圣人为而不恃，功成而不处，其不欲见贤[4]。

【校注】

[1]天之道，即天道，这里侧重指天道运行、作用的法则。张弓，指施弦于弓，给弓上弦。高亨说："古人用弓前把弦加在弓上，叫作张；用完后把弦解下，叫作弛。古人张弓，弦的位置高，则向下移，弦的位置低，则向上移，

弦长有余，则剪去，弦短不足，则增补。"

　　[2]人之道，指人行事的一般规律。奉，给予，供奉。

　　[3]孰，谁。此句，北大汉简本作"孰能有余而有（又）取奉于天者"，汉帛书本与北大汉简本相似。

　　[4]其，指圣人。见，通"现"，表现，显露。

【译文】

　　天道运行的法则，不正像是张弓上弦吗？弦位高了就压低，弦位低了就提高，有余的减损它，不足的补益它。天道运行的法则，是减损有余的来补给不足的。而人世的规则却是减损不足的来供奉有余的。谁能够把有余的拿来供给天下不足的呢？只有有道的人才能做到。所以圣人有所作为却不自恃己能，有所成就却不自居有功，他是不想显露自己的贤能。

【导读】

　　本章中老子以"天之道"与"人之道"做对比，主张"人之道"应该效法"天之道"。老子对"天之道"与"人之道"的把握，可谓精准。现代西方社会所谓的"马太效应（Matthew Effect）"，正与老子所概括的"损不足以奉有余"的"人之道"暗合。马太效应，源自圣经《新约·马太福音》中的一则寓言："凡有的，还要加倍给他叫他多余；没有的，连他所有的也要夺过来。"学者将"马太效应"归纳为：任何个体、群体或地区，在某一个方面（如金钱、名誉、地位等）获得成功和进步，就会产生一种积累优势，就会有更多的机会取得更大的成功和进步。此术语后为经济学界所借用，以此反映经济生活领域赢家通吃、收入分配两极分化的现象。通俗的理解就是，富裕者越来越富裕，贫穷者越来越贫穷。大概两千多年前老子生活的时代，统治者倚仗权势，疯狂压榨民众，掠夺占有大量财富，导致社会两极分化现象十分普遍。老子对这些社会现象进行了深入思考，所以才产生了如此精准的概括吧。虽然老子的初衷是指责"人之道"，主张效法"天之道"，但他的概括包含了比较科学的社会心理学因素，因而对于今天的人们理解把握古今社会现象仍具有一定的指导意义。

七十八章

【原文】

天下莫柔弱于水，而攻坚强者莫之能胜，其无以易之[1]。弱之胜强，柔之胜刚[2]，天下莫不知，莫能行。是以圣人云：受国之垢，是谓社稷主[3]；受国不祥[4]，是为天下王。正言若反[5]。

【校注】

[1]莫之能胜，犹莫能胜之。之，水。高亨说："依文法，此四字的主语是水，那末，之，当指水。"①其，傅奕本、汉帛书本皆作"以其"。其无以易之，陈鼓应说："通行本'其'上脱'以'字，蒋锡昌说：'以其二字为老子习用之语。'验之帛书甲、乙本正是。"②易，改变。

[2]弱之胜强，柔之胜刚：北大汉简本作"水之胜刚，弱之胜强"。

[3]垢，耻辱。社稷，本指古代帝王祭祀的土神和谷神，后用以代指国家。

[4]不祥，灾难。

[5]正言若反，正面的话却像是反话。

【译文】

天下万物没有比水更柔弱的，然而攻击坚强的东西却没有什么能胜过它，因为没有什么能改变它。弱胜过强，柔胜过刚，天下没有人不知道，却没有人能实行。所以圣人说："承受国家的耻辱，可以称之为国家的君主；承担国家的灾难，可以成为天下的君王。"圣人这些话本来是正面说的，而听起来却像是反话。

---

① 高亨：《老子注译》，120 页，北京，清华大学出版社，2010。
② 陈鼓应：《老子今注今译》（参照简帛本最新修订版），339 页，北京，商务印书馆，2016。

【导读】

本章开篇即对水加以赞美，以说明弱可以胜强、柔可以胜刚的道理，可以与八章所说的"水善利万物而不争"参照阅读。

老子认为，水虽然表面上看来是柔弱卑下的，但它能穿山透石，淹田毁舍，任何坚强的东西都阻止不了它，战胜不了它。因此，老子坚信柔弱的东西必能胜过刚强的东西。这里，老子所说的柔弱，是柔中带刚、弱中有强，坚韧无比的。所以，对于老子柔弱似水的主张，我们应该加以深入理解，不能停留在字面上。由此推而言之，老子认为，体道的圣人就像水一样，甘愿处于卑下柔弱的位置，对国家和民众实行"无为而治"。

七十九章

【原文】

和大怨，必有余怨，安可以为善[1]？是以圣人执左契，而不责于人[2]。有德司契，无德司彻[3]。天道无亲，常与善人[4]。

【校注】

[1]和，调和。安，怎么。

[2]左契，古代借贷财物金钱，刻竹木为契，剖分左右，借贷双方各执一半以为凭据，右契由债务人执有，左契由债权人执有，索还财物时，以两契相合为凭据，类似今天的借据或者合同。契，契约，契券，合同。责，索取，讨债。圣人拿着左契，本有向借贷人追索财物的权力，但他不去追索。

[3]司，主管，掌管。彻，周代税收的名称，周代征收税收，什一而税，谓之彻。

[4]无亲，无所偏爱。与，助。

【译文】

调和深重的怨恨即便成功，必然还有余留的怨恨，这样怎么可以称为善呢？所以圣人拿着契券的左半，却并不用来向人讨债。所以有德的人就像持有债券契约的人那样宽容，无德的人就像掌管税收的人那样只管苛取。天道对人无所偏爱，总是帮助善人。

【导读】

本章仍在讨论无为之治，主张统治者以"德"化民。统治者虽保有高高在上的威势，有向民众征收财物的权力，但不要过分索取，不要搅扰百姓。老子一方面阐述"无为"、以"德"化民的政治见解，另一方面提示为政者不可蓄怨于民，不要激化其与老百姓之间的矛盾。"和大怨，必有余怨，安可以为善"的言外之意是，上善的方法是不产生"怨"，将"怨"化解于无形或萌芽状态，为之于未有，治之于未乱；践行三宝七善：慈悲、俭啬、谦让，居善地、心善渊、与善仁、言善信、政善治、事善能、动善时。当"怨"出现时，以"德""善"化解——孔德之容，惟道是从；天道无亲，常与善人。

本章与七十七章所阐述的"损有余而补不足"之理有相通之处。老子希望统治者实行清静无为之政，辅助百姓之自然而不要过多干涉他们；虽有权势，但不要向百姓过分索取，这样就不会积蓄仇怨。这才是治理国家的上上之策。

八十章

【原文】

小国寡民[1]。使有什伯人之器而不用，使民重死而不远徙[2]。虽有舟舆，无所乘之；虽有甲兵，无所陈之[3]。使人复结绳而用之[4]。甘其食，美其服，安其居，乐其俗[5]。邻国相望，鸡犬之声相闻，民至老死不相往来[6]。

【校注】

[1]小国寡民，这是老子在古代农业社会基础上所理想化的民间生活情景。

[2]什伯，汉帛书本作"十百"，北大汉简本作"什佰"，"伯"通"佰"。什伯人

之器，效率十倍百倍于人工的机巧器械。多数传世本作"什伯之器"，"伯"下无"人"字。河上公本作"什伯人之器"，汉帛书本同，北大汉简本作"什佰人之气（器）"，当据补。不远徙，汉帛书本及北大汉简本作"远徙"，北大汉简本原整理者说："'远'在此义为'远离于'，后人误解而增'不'字。"[1]徙，迁徙。

[3]舆，车。陈，古"阵"字，这里用作动词，指摆列阵势。

[4]结绳，古代使用结绳的方法来记事。

[5]甘其食，意动用法，以……为甘。下同。

[6]望，远视可见。

【译文】

理想的社会应当是国家狭小，民众稀少。让民众虽有效率高于人工十倍百倍的机巧器械却不使用，让民众看重死亡而不愿迁徙。虽然有舟车，却不乘坐它们；虽然有铠甲兵器，却没有机会陈列它们。使民众回归到结绳记事的状态。让民众觉得饮食甘美、衣服美丽、居住安适、风俗和乐。邻国之间互相望得见，鸡鸣狗吠的声音互相听得见，而民众却到老死也不互相往来。

【导读】

本章集中体现了老子的社会政治理想。老子用理想的笔墨，着力描绘了"小国寡民"的农村社会生活情景：邻国相望、鸡犬之声相闻，没有欺骗和狡诈的恶行，民风淳朴敦厚，生活安定恬淡，人们结绳记事，不会攻心斗智，老死不相往来。

老子"小国寡民"理想的提出，有着深刻的社会历史背景。胡寄窗《中国经济思想史》中指出："我们研究老子的小国寡民理想，要分析产生这种理想的阶级根源、时代因素以及其所企图要解决的问题。所谓小国寡民是针对当时的广土众民政策而发的。他们认为广土众民政策是一切祸患的根源。做到小国寡民便可以消弭兼并战争，做到'虽有甲兵，无所陈之'；便可以避免因获取物质资

---

① 北京大学出土文献研究所：《北京大学藏西汉竹书》[贰]，143 页，上海，上海古籍出版社，2012。

料而酿成社会纷扰的工艺技巧，'使有什伯之器而不用'；便可以取消使民难治的智慧，而用结绳以记事的方法来代替；便可以使人安于俭朴生活，不为奢泰的嗜欲所诱惑；便可以使人民重死而不远徙，以至老死不相往来，连舟车等交通工具都可一并废除。他们不了解，广土众民政策是社会生产力发展到一定水平时，新的生产关系要求一个全国统一的地主政权这一历史任务在各大国的政策上的反映。"①

八十一章

【原文】

信言不美，美言不信[1]。善者不辩，辩者不善[2]。知者不博[3]，博者不知。圣人不积，既以为人己愈有[4]；既以与人己愈多[5]。天之道，利而不害；圣人之道，为而不争[6]。

【校注】

[1]信言，真话，由衷之言。美言，巧言，华美之言。

[2]辩，善于说话，能言善辩。

[3]知者，知道的人，指有真知的人。

[4]积，积藏，指积藏财货。为，施与。

[5]与，汉帛书乙本、北大汉简本作"予"，高亨认为："与也是给予。"

[6]圣人之道，此句传世本多与王弼本同，汉帛书本、北大汉简本作"人之道"，从行文上看，作"人之道"与上文"天之道"更为对称，但从思想内涵上看，则二者并无不同。

【译文】

真实的言辞不华美，华美的言辞不真实。善良的人不善辩，善辩的人不善

---

① 胡寄窗：《中国经济思想史》(上)，214 页，上海，上海财经大学出版社，1998。

良。有真知的人不广博，广博的人无所知。圣人不积藏财货，帮助他人越多，自己却更加富有；给予别人越多，自己却更丰富。天之道，就是使万物获利而不损害他们；圣人之道，就是给予他人而不与之争夺。

【导读】

本章是《道德经》的最后一章，是全书的结束语。前面讲社会人生现象，后面讲治世要义。"信言不美，美言不信。善者不辩，辩者不善。知者不博，博者不知"提出了三对范畴：信与美，善与辩，知与博。老子试图劝导人们以"信言""善行""真知"来追求真、善、美三者内在的和谐统一，并以此作为人生的最高境界，作为人类行为的最高准则。

本章仍包含朴素的辩证法思想。老子所谓的"信言不美，美言不信"云云，应当仍然是针对大层面的一般政治社会现象而言的，不可机械地将此语应用于社会生活领域，认定"信言"都是不美的，"美言"都是不信的。当然，若仅从概念辨析的角度来说，"美言"必然包含一定的虚夸成分，谓其"不信"，亦不为过。

"圣人不积，既以为人己愈有；既以与人己愈多。"这三句分析社会现象，其中所蕴含的哲理，与儒家思想亦有相通之处。郭店楚简《成之闻之》第16～18简云："故君子不贵庶物，而贵与民有同也。智而比次，则民欲其智之遂也。富而分贱，则民欲其富之大也。贵而能让，则民欲其贵之上也。"传世典籍中也有与此类似的思想，如《大戴礼记·卫将军文子》中云："独贵独富，君子耻之。"《商君书·更法》中云："且夫有高人之行者，固见负于世；有独知之虑者，必见骜于民。"道家与儒家对人之性情的分析，对社会生活本质规律的把握体认，可谓殊途同归。

思考题

1. 背诵或熟读《道德经》八十一章，并通过查《上古音手册》等工具书，标出某些有韵章节的韵脚，以体会其韵律之美。

2. 今天常用的成语，有哪些出自《道德经》？请找出并解释其含义。

3.《道德经》中对"水"的论述有哪些？其思想对当今的生活有何启发意义？

4.《道德经》中对战争的论述有哪些？其思想对当今的社会有何启发意义？

5.《道德经》中体现"尚柔"思想的章节有哪些？这种思想可以给我们今天的生活带来哪些启示？试以具体事例说明。

参考文献

[1](北宋)苏辙. 老子解[M]. 上海：上海古籍出版社，1987.

[2](元)吴澄. 道德真经吴澄注[M]. 上海：华东师范大学出版社，2010.

[3]北京大学出土文献研究所. 北京大学藏西汉竹书[贰][M]. 上海：上海古籍出版社，2012.

[4]陈鼓应. 老庄新论[M]. 北京：商务印书馆，2008.

[5]陈鼓应. 老子今注今译（参照简帛本最新修订版）[M]. 北京：商务印书馆，2016.

[6]陈鼓应. 老子注译及评介（修订增补本）[M]. 北京：中华书局，2009.

[7]陈剑. 老子译注[M]. 上海：上海古籍出版社，2016.

[8]冯达文，郭齐勇. 新编中国哲学史[M]. 北京：人民出版社，2004.

[9]高亨. 老子正诂[M]. 北京：清华大学出版社，2011.

[10]高亨. 老子注译[M]. 北京：清华大学出版社，2010.

[11]高明. 帛书老子校注[M]. 北京：中华书局，1996.

[12]郭齐勇.《老子》《庄子》与道家智慧导论[EB/OL][2018-10-22]. http://www.docin.com/p-1863292461.html.

[13]郭齐勇. 中国哲学史[M]. 北京：高等教育出版社，2006.

[14]郭齐勇，吴根友. 诸子学通论[M]. 北京：商务印书馆，2015.

[15]胡孚琛. 中华道教大辞典[M]. 北京：中国社会科学出版社，1995.

[16]黄怀信. 老子汇校新解[M]. 南京：凤凰出版社，2016.

[17]蒋锡昌. 老子校诂[M]. 上海：商务印书馆，1937.

[18]荆州市博物馆. 郭店楚墓竹简[M]. 北京：文物出版社，1998.

[19]廖名春. 郭店楚简老子校释[M]. 北京：清华大学出版社，2003.

[20]刘乾先等. 韩非子译注[M]. 哈尔滨：黑龙江人民出版社，2003.

[21]刘笑敢. 老子古今：五种对勘与析评引论[M]. 北京：中国社会科学出版社，2006.

[22]彭裕商，吴毅强. 郭店楚简老子集释[M]. 成都：巴蜀书社，2011.

[23]任继愈. 老子新译(修订本)[M]. 上海：上海古籍出版社，1985.

[24]汤漳平，王朝华. 中华经典名著全本全注全译丛书：老子[M]. 北京：中华书局，2014.

[25](魏)王弼注，楼宇烈校释. 老子道德经注校释[M]. 北京：中华书局，2008.

[26]武汉大学简帛研究中心，荆门市博物馆. 郭店楚墓竹书[M]. 北京：文物出版社，2011.

[27]熊铁基，陈红星. 老子集成[M]. 北京：宗教文化出版社，2011.

[28]杨树达. 老子古义[M]. 上海：上海古籍出版社，2006.

[29]张松如. 老子校读[M]. 长春：吉林人民出版社，1981.

[30]郑良树. 老子新论[M]. 上海：上海古籍出版社，2011.

[31]朱谦之. 老子校释[M]. 北京：中华书局，1984.

后 记

　　曲阜师范大学历史文化学院成积春院长拟编写一套"中华优秀传统文化教育丛书"，其中包括《〈道德经〉导读》，便将此书编写工作委之于余。作为地处孔子故里的高校，其中进行文史研究的绝大部分教师对儒家典籍比较熟悉，本人也不例外。本人原来也不过很肤浅地读过几遍《道德经》，谈不上有什么研究；然接手任务后，籀读《道德经》再三，竟然也有一些心得体会。最强烈的感受就是，过去常常下意识地把儒家和道家的经典截然分开，未免失之偏颇。

　　诸子百家争鸣的先秦时期，是中华优秀传统文化的奠基时期，儒、道两家在当时为蔚然大宗。当前高校开展的中华优秀传统文化教育，往往都偏重于儒家而忽视道家。其实，儒、道两家的思想在当时交融汇合，相互借鉴，很难截然分开。道家侧重关注天人之际，《道德经》善于通过自然现象来把握社会生活规律，其中有许多主张与儒家思想其实是相通的。将先秦道家的经典文献《道德经》列入中华优秀传统文化教育的范畴，对其进行导读，引导学生更好地吸收先秦时期道家学说的优秀思想文化资源，一方面可以纠正当前开展中华优秀传统文化教育的偏颇之处，另一方面也正体现了中华传统文化兼容并包的特点。本书综合吸收近几十年来学术界的最新研究成果，对《道德经》一书进行综合导读与分章校注、翻译、阐释，争取最终形成一个比较精良的综合性读本，既可以为学界提供集成性的研究成果总结，又可以为一般的读者指示读书门径，提供研读《道德经》的便利条件。

　　本书是集体编撰的成果。白金阳、王天、侯传峰三位友生参加了初稿的编写工作。由我拟定编撰框架和大致纲目后，四人分工合作进行编写。其中综合导读部分主要由白金阳、王天负责，分章导读部分主要由侯传峰负责，我居中协调各方进度，同时负责部分出土简帛材料的吸收整合工作。初稿完成后，白金阳、王天两位又对分章导读部分进行了修订润色。最后由我负责统稿工作，对章节框架进行了一些调整，对部分段落加以增补，终于有了呈现在读者面前的这本小书。众手编书，筑室道谋，自古称难，加之水平所限，书中不足之处在所难免，尚祈博雅方家不吝赐教。

侯乃峰
2018 年 2 月